# Amado Alonso

www.whitwellpublishing.com

*Giselle E. Whitwell*

# Amado Alonso: Un Distinguido Filólogo Español

## Su vida, su obra y sus ideas

WHITWELL PUBLISHING • AUSTIN, TEXAS, USA

Amado Alonso: Un Distinguido Filólogo Español
Su vida, su obra y sus ideas
Giselle E. Whitwell

WHITWELL PUBLISHING
815-A BRAZOS ST. #491
AUSTIN, TX 78701
WWW.WHITWELLPUBLISHING.COM

© 2013 by Giselle E. Whitwell
All rights reserved.
Original version: Master of Arts dissertation, University of Montana, 1967

Composed in Bembo Book.
Published in the United States of America.
All images used in this book are in the public domain except where otherwise noted.

ISBN-13: 978-1-936512-71-3
ISBN-10: 1936512718

Cover design by Daniel Ferla.

# Índice De Materias

|  |  |  |
|---|---|---|
|  | Introducción | vii |
|  | Acknowledgement | ix |

**PRIMERA PARTE: VIDA Y OBRA**

| Capítulo I | La vida de Amado Alonso | 3 |
| Capítulo II | Clasificación de sus obras | 13 |
| Capítulo III | Crítica de su obra | 25 |

**SEGUNDA PARTE: LAS IDEAS FILOLÓGICAS DE AMADO ALONSO**

| Capítulo IV | La evolución de la lingüística como ciencia, y sus diferentes escuelas | 47 |
| Capítulo V | Las ideas filológicas y lingüísticas de Amado Alonso, su contribución y orientación en este campo | 55 |
| Capítulo VI | La escuela española lingüística y su relación a Amado Alonso | 71 |

|  |  |
|---|---|
| Conclusión | 75 |
| Bibliografía de |  |
|    Obras citadas | 77 |
|    Obras consultadas | 79 |
| Apéndice: Bibliografía de Amado Alonso | 82 |

# Introducción

AMADO ALONSO (1896–1952) ha sido una eminente figura en la filología y en la lingüística española. Sus obras encierran aspectos de diversos intereses, tanto los que conciernen a la filología como a la lingüística. Hasta hoy, las obras de Alonso, un campo tan fértil y fecundo, han sido objeto de ningún studio de conjunto. Con el presente trabajo espero, no sólo dar comienzo a tal estudio, sino también despertar el interés en investigaciones futuras.

Se reúne aquí, por primera vez, mucho material disperso sobre Alonso. Inclusive la bibliografía completa de todas sus obras, que se encuentra en el Apéndice al final de este estudio.

Haber reunido, pues, por primera vez datos que conciernen a la vida y a la obra de Alonso, ha permitido ver en un panorama más amplio, en una vista de conjunto, al filólogo y a su obra.

La primera parte de este estudio contiene tres capítulos, los que sirven de introducción a la segunda parte.

El primer capítulo versa sobre la vida de Alonso, su preparación filológica y sus actividades en España, Alemania, Argentina y en los Estados Unidos. En el segundo, se ha clasificado la obra de Alonso, de acuerdo a sus intereses filológicos, lingüísticos y literarios. El tercer capítulo ha considerado la actitud de los críticos hacia la obra de Alonso.

En la segunda parte del estudio me he concentrado y limitado a examinar las ideas lingüísticas y filológicas de Amado Alonso. También consta de tres capítulos.

El primero ha presentado las opiniones de Alonso sobre la evolución de la lingüística y sus diferentes escuelas. El siguiente capítulo, el más importante de todos, es el que ha estudiado la aportación y la orientación de Alonso en la lingüística y en la filología. En el último capítulo se ha visto cuál es la relación de Amado Alonso a la escuela lingüística española de hoy día. Y por último, la conclusión de este estudio destaca los aspectos más sobresalientes de la obra filológica de Alonso.

# Acknowledgement

I am indebted to my friend, Craig Dabelstein, for his help in preparing this book for publication. Likewise, I would like to acknowledge the immense contribution of my husband, David Whitwell, to this project.

                    Giselle E. Whitwell
                          Austin, Texas

PRIMERA PARTE

# VIDA Y OBRA

# Capítulo I: La vida de Amado Alonso

La vida de Amado Alonso comienza en el pueblo de Lerín, Navarra, donde nació el 13 de septiembre de 1896.

Cursó el bachillerato en Pamplona (1911 a 1914), continuando sus estudios en la facultad de Filosofía y Letras de la Universidad de Madrid hasta 1918. Su primer contacto con la filología acaece entonces. Alonso había descubierto un extraño manuscrito en Pamplona, que contenía un fragmento del perdido contar de gesta de Roncesvalles del siglo XIII. Este hallazgo vino 'a llenar un enorme vacío en la historia literaria del Ciclo carolingio.'[1]

En 1917 ingresó en el Centro de Estudios Históricos, faltándole poco tiempo para completar sus estudios en la facultad de Filosofía. Se puso bajo el magisterio del eminente filólogo Don Ramón Menéndez Pidal, a quien 'se atuvo con devoción filial, hasta los últimos días de su vida.'[2]

Este año (1917) tiene gran importancia porque marca el comienzo de la primera etapa de la vida profesional de Amado Alonso.[3] Esta etapa cubre los años de formación y de perfeccionamiento bajo Menéndez Pidal y los primeros trabajos. Amado Alonso pertenece a la segunda generación de discípulos de este gran filólogo español. En la primera generación se encontraban Tomás Navarro Tomás, Américo Castro, Antonio G. Solalinde y otros.

Los primeros trabajos que Alonso realizó en el Centro fueron en fonética, dirigidos por Navarro Tomás. De esta época data un estudio sobre el 'habla de Lerín, su pueblo natal, con numerosas inscripciones quimográficas, estudio que llevó siempre consigo y que no llegó a publicar jamás, pospuesto continuamente por trabajos de más urgencia, o de más ambición.'[4] Este primer trabajo de fonética dialectal parece haber orientado la carrera de Alonso hacia la fonética experimental, campo que no contaba en España con muchos adeptos.[5]

Para perfeccionar sus estudios de fonética, Alonso viajó a Hamburgo en 1922. En la Universidad de aquella ciudad trabajó con el professor Panconcelli-Calzia, 'el gran maestro de la fonética general,'[6] al mismo tiempo que enseñaba español en esa institución. Ángel Rosenblat ha escrito el siguiente comentario sobre esos años importantes en Alemania:

---

[1] Ángel Rosenblat, 'Amado Alonso,' *Cultura Universitaria*, XXXI (1952), 63.
[2] Ibid.
[3] Manuel Muñoz Cortés, 'Vida y obra,' *Clavileño*, XV (1952), 53. Manuel Muñoz Cortés, otro filólogo español, ha visto la vida de Amado Alonso dividida en tres etapas, las que adoptaremos aquí para trazar los pasos de este distinguido filólogo. Emilio Carilla ('Amado Alonso en la Argentina,' *Cuadernos Hispanoamericanos*, marzo (1954), núm. 51, 369), también filólogo, al comentar sobre la vida y la obra de Alonso, ha distinguido dos etapas solamente. Sigo la de Muñoz Cortés por parecerme más lógica.
[4] Rosenblat, Op. cit.
[5] Emilio Carilla, 'Amado Alonso en la Argentina,' *Cuadernos Hispanoamericanos*, marzo (1954), núm. 51, 369.
[6] Rosenblat, Op. cit.

> Hasta 1924 estuvo en Alemania, y en aquel rico hervidero de ideas y de personas que era la Alemania de la post-guerra, se familiarizó además con otros problemas lingüísticos. De allí trajo, creo, la afición teórica y filosófica, que era nueva en los estudios de filología española, teñidos de positivismo desde sus orígenes. Y esa afición le acompañó toda su vida, pues los hechos de lenguaje, desde la innovación o el arcaísmo dialectales hasta las grandes creaciones poéticas, los vió siempre como manifestación del espíritu humano, y aspiró a comprenderlos y desentrañarlos a la luz de una concepción universal del espíritu.[7]

Alonso vuelve a España en 1924, como colaborador de la *Revista de Filología Española*. Menéndez Pidal le había encargado la revisión de las colaboraciones para la revista. Esta tarea fue considerada siempre muy importante por Alonso, porque le había formado sus hábitos de lectura. Durante varios años, desde 1926 en adelante, fue uno de los redactores de la revista, junto con Castro, Navarro Tomás, Onís y Solalinde.

El último trabajo, de esta etapa de la vida de Alonso, surge de una polémica con Wilhelm Mayer-Lübke, el maestro del romanismo alemán, sobre su obra *Das Katalanische*. El joven filólogo español escribió la reseña de la obra mencionada de Meyer-Lübke para la *Revista de Filología Española*. Las notas críticas que escribió se fueron acumulando. Alonso las organizó, planteó sus propios métodos y llegó a conclusiones distintas a las del maestro alemán. Comenzó, así, uno de sus primeros trabajos importantes. Menéndez Pidal había colaborado con él en un principio, pero luego Alonso lo terminó solo. Se publicó este trabajo por primera vez en 1926 en la *Revista de Filología Española*, y hoy forma parte de su libro *Estudios lingüísticos. Temas españoles*.[8]

También en 1924 Alonso contrajo matrimonio con una bellísima dama inglesa. Los cuatro hijos, que luego tuvieron, eran el gran orgullo del padre, para quien los hijos formaban la parte fundamental de sus Obras Completas.[9]

La Facultad de Filosofía y Letras de la Universidad de Buenos Aires, en 1927, aconsejada por Menéndez Pidal, contrató a Alonso para que dirigera su Instituto de Filología. La obra que Alonso realizó en la Argentina corresponde a la segunda etapa de su vida.[10]

El Instituto de Filología, del que se haría cargo Alonso, fue fundado en 1923. Desde entonces simpre había tenido estrechas relaciones con el Centro de Estudios Históricos de Madrid. Hispanoamericanos venían a estudiar fonética con Navarro Tomás y profesores de España realizaban una labor importante en América, en defensa e ilustración de la lengua española, contra peligros diversos (como la fragmentación del idioma; dos puntos claves de esta lucha se situaban en Puerto Rico y en la Argentina).[11]

---

[7] Ibid.
[8] Las respectivas posiciones de Alonso y de Meyer-Lübke pueden ser encontradas en el libro recién mencionado, en la introducción y en el primer ensayo. También en el citado artículo aquí de Rosenblat, pág. 64, ver la primera nota al pie.
[9] Rosenblat, Op. cit, 69.
[10] Muñoz Cortés, Op. cit.
[11] Ibid. Fragmentación, aquí, significa el apartarse de la lengua general común, con la consecuente formación de un nuevo idioma, dialecto, o patois.

Los directores anteriores a Alonso en el Instituto fueron brillantes, pero fugaces.[12] Todos ellos eran colaboradores del Centro de Estudios Históricos bajo Menéndez Pidal. El primero fue Américo Castro, quien había impresionado vivamente a los argentinos con el doble encanto de 'su prestancia personal y de su palabra cálida y sustanciosa.'[13] Le siguió Carlo Agustín Millares en 1924. La obra que había emprendido allí fue el estudio y edición de unos extos medievales de la Biblia.[14] Asume este cargo luego, en 1925 Manuel de Montolíu, que había iniciado 'una ambiciosa encuessta del léxico criollo.'[15] Ahora se pedía que el nuevo director permaneciera por lo menos cuatro años en el país 'para que la labor realizada alcanzara continuidad.'[16]

Amado Alonso parecía demasiado joven para una empresa de tanta responsabilidad. Hay una anécdota que Rosenblat relata sobre la respuesta de Alonso cuando supo que se le reprochaba su juventud; dijo: 'Que no se preocupen. Es un defecto que se me corregirá con los años.'[17]

Antes del viaje a la Argentina, Alonso fue invitado a Puerto Pico como profesor y organizador de los cursos del verano de 1927. Así llegó a conocer personalmente los dos países donde más peligro había de la fragmentación de la lengua española. Alonso fue un campeón de la defensa de la unidad de la lengua española. Sus ideas sobre este aspecto serán tratadas al hablar de sus ideas lingüísticas.

Ya desde su primera etapa se observa en el joven filólogo una característica fundamental de la escuela filológica de Menéndez Pidal, la relación estrecha de la filología con la lingüística. Los primeros trabajos de Alonso en estos años trataban sobre fonética. Una de sus publicaciones se relacionaba a consonantes sibilantes del dialecto vasco baztanés, 'un rasgo de la pronunciación de su tierra navarra,'[18] publicado en 1923. A la vez Alonso iba elaborando su estudio sobre la estructura de las *Sonatas* de Valle-Inclán (en 1925, primera etapa), que luego presentaría como tesis doctoral, que fue aprobada en 1928. Podemos observar como estudios sobre temas lingüísticos y sobre temas literarios se desrrollaban paralelamente. María Rosa Lida nos presenta otro ejemplo de este aspecto, cuando A. Alonso estaba en la Argentina: 'Le creíamos enfrascado en los verbos de movimiento o en el sustrato y superstrato, y nos señala un motivo folklórico en una novela de Stendhal...'[19]

---

[12] Rosenblat, Op. cit, 64.
[13] Ibid.
[14] Ibid., 64, 65.
[15] Ibid., 65.
[16] Amado Alonso, *La Argentina y la nivelación del idioma* (Buenos Aires: Institución Cultural Española, 1943), Nota biográfica del autor.
[17] Rosenblat, Op. cit.
[18] Ibid., 63.
[19] María Rosa Lida, 'Amado Alonso,' *Ínsula*, VII (1952), núm. 78, pág. 11.

La labor de Alonso en el Instituto de Filología de la Universidad de Buenos Aires cubre un período de casi veinte años, desde 1927 a 1946. Este es el momento de madurez y de plenitud del gran filólogo, filólogo en el sentido antiguo de la palabra 'amante de las letras.'[20] Fue la época más fecunda de su vida. Al Instituto iba a consagrar todos sus esfuerzos, llegando a ser su labor en esta Institución una parte fundamental de toda su obra.[21]

Se dió a conocer al público argentino en 1927 con una conferencia sobre el estilo de las *Sonatas* de Valle-Inclán. Esa conferencia formaba parte de su tesis doctoral, y se publicó en la revista *Verbum*. Pero el estudio completo había quedado inédito, esperando ser reelaborado. La parte más meditada, sobre el ritmo de la prosa, la dictó en sus últimas semanas de vida a uno de sus discípulos, Raimundo Lida.[22] Este trabajo puede ser leído ahora en su libro póstumo *Materia y forma en poesía* (1955).

En Buenos Aires la labor de Alonso se caracterizó sobre todo por su versatilidad y su proyección en direcciones variadas. Fue organizador y profesor del Instituto, y al mismo tiempo contribuyó con sus artículos y libros a la crítica literaria y a la lingüística. Se adentró completamente en la vida literaria de Buenos Aires, a menudo escribía artículos para La Nación, para el suplemento dominical, asesoraba a casas editoriales, prologaba libros, y dió su atención a la educación pública de las escuelas argentinas, tomando parte activa en la creación de mejores textos para la enseñanza de la lengua española y de la literatura. Su *Gramática castellana*, elaborada juntamente con Pedro Henríquez Ureña, y que se publicó en 1938, es una prueba más de su magisterio auténtico.

En la disciplina filológica, Alonso había formado un grupo de discípulos y había reunido a su alrededor a un grupo de coloboradores, cuya producción ha sido altamente estimada en todos los círculos filológicos. Entre el grupo principal de los alumnos, algunos de los cuales son hoy maestros de filología, se encuentran: Ángel Rosenblat, Marcos A. Morínigo, Raimundo Lida y su hermana María Rosa Lida, Julio Caillet-Bois, Frida Weber, Raúl Moglia, José F. Gatti, Ana María Barrenechea, María Elena Suárez Bengachea, Berta Elena Vidal de Battini, Daniel Devoto y Juan Bautista Avalle Arce.[23] La vida y la profesión de cada uno de estos discípulos los llevó a distintos países de las Américas, irradiando la disciplina erudita y los métodos de trabajar de su maestro. En la vida de Amado Alonso vemos una situación paralela. Sus actividades profesionales también le trajeron a la Argentina, separándolo de su maestro y de su patrimonio. Esta separación requiere sacrificios. Las siguientes palabras de Menéndez Pidal expresan sus sentimientos ante la separación:

> Deja el más hondo sentimiento de nostálgica soledad en quien le vió llegar, muchacho de viente años, al Centro de Estudios Históricos, en quien tuvo muy pronto que renunciar a la valiosa cooperación de aquel joven, para que la consagrase al Instituto Filológico de Buenos Aires....[24]

---

[20] Ibid., 3.
[21] Rosenblat, Op. cit, 69.
[22] Ibid., 65.
[23] Ibid., 69. Amado Alonso, Nota biográfica del autor, ver nota al pie núm. 16.
[24] Ramón Menéndez Pidal, 'Amado Alonso,' *Ínsula*, VII (1952), núm. 78, pág. 1.

Ángel Rosenblat, el primer alumno de Alonso en el Instituto, recuerda vivamente el primer curso a que asistió en Filología romance. Recuerda como un día al apagarse las luces del aula por accidente, discutieron el proceso de fraccionamiento de la Romanía y la comparación con el desarrollo del español de América.[25] El entusiasmo del maesstro era tal, que accidentes como éstos no perturbaban la discusión de sus clases. Al terminar sus estudios, Alonso lo incorporó al Instituto para trabajar con él sobre el castellano de América. Ambos, durante tres años, prepararon el primer tomo de la *Biblioteca de Dialectología Hispanoamericana*, que se publicó en 1930. En total llegaron a publicarse siete densos volúmenes y tres anejos. En parte estos estudios eran una reelaboración de todos los trabajos dispersos sobre los distintos países americanos, alternando con obras originales sobre cada país o cada región.[26]

Poco a poco Alonso fue incorporando a otros alumnos para que colaboraran en el Instituto. Con Marcos A. Morínigo, cuya lengua materna fue el guaraní, escribieron trabajos sobre la relación del castellano y el guaraní del Paraguay. Después de tres años aparecieron, como fruto de una colaboración cotidiana, los *Hispanismos en el guaraní*,[27] que pertenece a la *Colección de Estudios Indigenistas*, que también había fundado Alonso. El primer tomo salió en 1931.

Dos maestros ya conocidos en la erudición-Tiscornia y Henríquez Ureña-fueron también atraídos al Instituto para trabajar con Alonso. Con Eleuterio F. Tiscornia publicó un estudio sobre los medios de expresión de la literatura gauchesca. En 1930 el Instituto publicó *La lengua de Martín Fierro*, una obra fundamental para el conocimiento del castellano popular.[28] Alonso y Henríquez Ureña escribieron el manual de gramática arriba citado. Este manual puso al alcance del magisterio medio y primario las más recientes doctrinas gramaticales.[29] Ureña, además, publicó en el Instituto una parte de su obra, los volúmenes sobre el español de Méjico y de Santo Domingo, trabajos sobre los indigenismos de las Antillas, sobre el andalucismo dialectal de América y otros. Con esta labor de coordinación y de dirección quedó establecido un aspecto importante de la obra de Alonso. Se habían iniciado los estudios del español de América y las relaciones entre lo español y lo indígena.[30]

Alonso incorporó durante estos mismos años a otro discípulo suyo, Raimundo Lida, para que iniciara estudios sobre la estilística.[31] Nació así la *Colección de Estudios Estilísticos*, con el primer tomo en 1932. Se publicaron dos tomos, más dos anejos. Alonso intervino en esta colección ya como autor, ya como traductor o prologuista y anotador.[32]

---

[25] Rosenblat, Op. cit., 65.
[26] Ibid., 66.
[27] Ibid.
[28] Ibid.
[29] Ibid. Muñoz Cortés, Op. cit., 56.
[30] Rosenblat, Op. cit., 66, 67.
[31] Ibid., 67.
[32] Dámaso Alonso, 'Noticia biográfica de Amado Alonso,' *Ínsula*, VII (1952), núm. 78, pág. 2.

En 1939 el Instituto había llegado a cierto nivel de madurez y entonces Alonso fundó la importante *Revista de Filología Hispánica*, de la que salieron ocho volúmenes. Fundó esta revista en cooperación con el Hispanic Institute de la Universidad de Columbia. Varios distinguidos profesores argentinos, españoles, portugueses y norteamericanos han colaborado en los artículos de esta revista.

Este año, Alonso tomó la ciudadanía argentina. Aún con tanta actividad, logró enseñar en la Universidad de Chile durante los veranos de 1936 y 1941.

Fuera de la Facultad, Alonso dirigió varias colecciones de libros en la Editorial Losada de Buenos Aires. En la colección de *Filosofía y teoría del lenguaje*, tradujo obras de Charles Bally, Ferdinand de Saussure y Karl Vossler, con el propósito de difundir los sistemas lingüísticos principales contemporáneos.[33] Aparecieron otras colecciones en las cuales colaboró, una de *Textos* y otra de *Estudios literarios*, en la que figuran trabajos sobre Lope, la picaresca, Pablo Neruda y otros muchos.[34] La editorial en este aspecto fue una prolongación del Instituto.[35]

Alonso también encontró tiempo para contribuír en las mejores revistas filológicas, escribió para la *Revista de Filología Española*, en la de *Filología Hispánica*, en la *Revue de Linguistique Romane*, en *Volkstum und Kultur der Romanen* y otras.[36] Fueron igualmente memorables las conferencias de Alonso en distintas ocasiones, sobre todo los del 'Romance sonámbulo' o el 'Llanto por la muerte de Ignacio Sánchez Mejías.'[37]

Para hacer posible esta enorme labor del Instituto, Alonso creó un ambiente de colaboración y de entusiasmo. Lo creó a base de generosidad y de comprensión mutua. Todos los colaboradores, discípulos y colegas entregaban su trabajo a Alonso. Éste lo revisaba hasta su más mínimo detalle, lo aprobaba, lo discutía todo, dando generosamente sus ideas y críticas. Igualmente Alonso entregaba sus trabajos, esperando críticas, observaciones u objeciones de sus colaboradores.[38] Así trabajaban todos, formando una 'familia filológica,' en palabras de María Rosa Lida. Es por esta forma de trabajar que Rosenblat ha escrito que la obra de Alonso no es solamente lo que él escribió, sino también en gran parte lo que escribieron sus discíplos y amigos.[39] María Rosa Lida ha expresado la forma de trabajo con el maestro:

> La verdadera iniciación comienza cuando el flamante ingresado emprende su primer trabajo, después de planteos, borradores, conversaciones, en las que el filólogo bisoño está tan lleno de pánico que no entiende ni recuerda palabra de lo que el doctor Alonso le observa y explica, y responde a sus preguntas con la voz reducida a un hilillo irreconocible. Luego se presenta el trabajo, el primogénito, primorosamente pasado en limpio. Entonces el doctor Alonso interrumpe todas sus tareas, no permite que el novicio le exponga ni le lea su investigación – ¡nada de ahorrarse fatiga! – toma una por una las hojas del ensayo, vuelve a pensar uno a uno sus planteos y las soluciones – con rapidez y precisión tales que deslumbran al principiante, que le ve situarse en el centro del problema y llegar en un momento a la respuesta justa que a él le ha costado tanto desvelo –y, respetando siempre la forma mental de cada

---

[33] Ibid. Rosenblat, Op. Cit, 68.
[34] Alonso, Nota biógrafica del autor, ver nota al pie núm. 16. Rosenblat, Ibid.
[35] Carilla, Op. Cit., 370.
[36] D. Alonso, Op. Cit.
[37] Rafael Lapesa, 'Amado Alonso,' *Hispania*, XXXVII (1953), núm. 1, 147.
[38] Rosenblat, Op. cit., 69.
[39] Ibid., 62.

discípulo, aconseja la crítica objetiva y cortés de las opiniones ajenas, reordena la exposición, desdobla el párrafo intrincado, concentra la página floja, sustituye el término vago por el tecnicismo exacto, rectifica aquí un modismo local, allí un giro castizo, enmienda la ortografía, sanea la puntuación, prohija lo aprovechable, subraya con efusivo elogio lo acertado, agrega materiales, ejemplos, bibliografía, proporciona sus propios libros y papeles.[40]

El Instituto de Filología, bajo la dirección de Alonso, fue un centro de trabajo intelectual, donde creó la tradición de trabajos eruditos. Impulsó los estudios filológicos no sólo en la Argentina sino en otros países de Hispanoamérica. Con tan variada actividad, Alonso convirtió este Instituto en uno de los centros hispanistas más activos del mundo.[41]

De la vida más íntima de Alonso tenemos testimonios de sus muchos amigos y discípulos, en los que ha dejado memorables recuerdos. Escribe Rosenblat: 'Su obra es también el destello que dejó su persona, esa simpatía que irradiaba sin esfuerzo, por gracia divina, donde quiera que estuviese.'[42] Alonso fue un ser muy gregario; amaba la sociedad y la compañía.

> 'Le deleitaba la música, y frecuentaba los conciertos. Era apasionado jugador de pelota vasca, y asiduo espectador de partidos de fútbol. Su casa estuvo siempre abierta a alumnos y amigos, y siempre hubo lugar hospitalario en su mesa, presidida por Joan, la hermosa y dulce esposa. Amaba la vida, y la filología era para él actividad alegre.'[43]

Rosenblat describe a Alonso comparándolo al filólogo Schuchardt, que pertenece a la escuela idealista alemana, como jugetón y fantástico, en contraste al severo y rígido Meyer-Lübke.[44] La personalidad del investigador es descrita por María Rosa Lida: 'con el espíritu abierto a toda solicitación espiritual, y con el temple esencial del hombre de ciencia: intuición fina, firme razonamiento,....'[45]

Como el trabajo de Alonso no estaba sujeto a un horario de oficina, él trabajaba continuamente. Además de mañanas y noches, trabajaba los fines de semana, y a veces proseguía con sus colaboradores por teléfono. El verano generalmente le brindaba la ocasión para traducir obras más largas como las de Bally y Saussure, o bien redactaba sus propios trabajos. Fue además lector avidísimo. Observando como trabajaba y vivía Alonso, los alumnos aprendieron a trabajar también.[46] En las palabras de M. R. Lida encontramos el significado de Alonso como maestro:

> Para nostros, como para ningún otro, Amado Alonso es del *doctor* Alonso, no tratamiento gramaticalizado, sino de veras doctor, *quia docet*: enseñador, porque enseña. Su cátedra da sentido y dignidad a lo que allí se aprende; no oímos repetición o variación de lo que anda escrito, sino planteo original, conclusiones contrastadas de investigación propia, crítica y erudición. Por eso es su enseñanza el modelo que aspiran a reflejar sus alumnos, ya profesores, en Buenos Aires, o en el interior, o en el extranjero.

---

40 M.R. Lida, Op. cit.
41 Alsonso, Nota biográfica del autor, ver nota al pie núm. 16.
42 Rosenblat, Op. cit.
43 Ibid, 69.
44 Ibid.
45 M.R. Lida, Op. cit.
46 Ibid.

> Y con todo, la enseñanza impartida desde la cátedra no es sino el primer círculo, el más externo en la iniciación, comparada con la enseñanza verdadera, la que enseña a pensar y a crear, la que no se logra con la exposición, por sólida y brillante que sea, sino 'con el contacto y convivencia espiritual que hace brotar por sí misma en otra alma idéntica llama.' Esto es lo más precioso que los estudiantes de la Facultad le debemos al doctor Alonso, nuestro maestro.[47]

Alfredo Roggiano, al poco tiempo, después de la prematura muerte de su maestro, escribió: 'Amado Alonso ha sido y sigue siendo un maestro cuyo ejemplo es aliento y guía en nuestras más acuciades aspiraciones.'[48]

Las circunstancias políticas de la Argentina, en el año 1946, imposibilitaron a A. Alonso la continuación de sus actividades en el Instituto y causaron que abandonara el país, aceptando una cátedra en la Universidad de Harvard. Después de festejar sus cincuenta años de vida con sus amigos, discípulos y colegas, viajó a los Estados Unidos. Allí continuaría su fecunda obra. Con la ausencia del maestro, también los discípulos empezaron a dispersarse por diferentes países de América. Aún a distancia, Alonso seguía siendo para ellos el director.[49]

Los años en Harvard (1946–1952) representan la etapa final de la vida de este distinguido filólogo. Allí ocupó la cátedra de literatura y lengua española, y fue el centro de la actividad filológica hispanoamericana.[50] Aquí también se rodeó de amigos y formó nuevos discípulos, y sobre todo renovó los estudios de español. Como conferenciante visitó varias universidades de los Estados Unidos.

Una vez establecido en este país, Alonso decidió fundar una prolongación de la *Revista de Filología Hispánica*. La revista fue acogida por el Colegio de Méjico y por la Universidad de Harvard, publicándose el primer ejemplar en 1947, bajo el nombre de *Nueva Revista de Filología Hispánica*, con el mismo formato que la anterior. Tales afanes ocasionaron visitas a Méjico. También logró hacer dos visitas a España, donde conoció a los poetas más jóvenes de entonces.[51]

En contraste con la extensión y variedad de actividades del Instituto argentino, Alonso en Harvard se concentró exclusivamente en una obra, cuya génesis ya se ensuentra en los primeros años de Buenos Aires (1929), y que por lo tanto venía elaborando desde hacía más de veinte años. Este libro trata sobre la pronunciación peninsular entre 1450 y 1650. Ésta iba a ser su *magnum opus*. En la magnífica Biblioteca de Widener, en la Universidad de Harvard, Alonso descubrió una gran parte de las fuentes originales que no había podido consultar en la Argentina. Así emprende una labor investigadora, analizando este material. Apenas se distraía de esta tarea para escribir un artículo marginal. Ya desde 1945 había empezando a publicar una serie de artículos, en realidad capítulos de su libro la pronunciación peninsular, 'capítulos que me han salido demasiados extensos' en sus propias palabras.[52]

---

[47] Ibid.
[48] Alfredo Roggiano, reseña sobre *Estudios lingüísticos. Temas españoles* de A. Alonso, *Boletín de Filología*, VII (1952–53), pág. 362.
[49] Rosenblat, Op. cit., 70.
[50] Carlos Clavería, 'Amado Alonso,' *Clavileño*, mayo-junio (1952), Año III, núm. 15, pág. 51.
[51] Muñoz Cortés, Op. cit., 54.
[52] Ibid., 55.

Alonso volvió a hacer una breve vista a España antes de que le anunciaran que tenía cáncer del vientre. En 1950 lo operaron en Boston. El ánimo de Alonso había decaído, pero su fuerza de voluntad triunfaba sobre él. Del médico supo que habría esperanzas para contrarrestar su enfermedad. Había momentos en que Alonso pensó en el riesgo de no poder finalizar las obras que tenía empezadas. Pero en 1951, durante una pasajera mejoría, volvió a su trabajo, confiado en poder terminar sus queridos proyectos. Sin embargo, las esperanzas se desvanecieron pronto. En el verano de ese mismo año, Alonso volvió a sufrir una operación. La enfermedad continuaba creciendo, atacándole el hígado y el pulmón ahora. Fue necesario ocultarle su grave condición, aunque Alonso presentía su corto futuro.

Al saber que sus días estaban señalados, aceptó con resignación cristiana su próximo fin, pero mientras le quedaba vida, siguió cumpliendo su deber intelectual al servicio de la verdad.[53] En estos últimos meses de vida, Alonso recopiló varios artículos sueltos para disponerlos en forma de libro. Preparó para la publicación sus *Estudios lingüísticos. Temas españoles*. Para este libro reelaboró algunos trabajos de investigación sobre el español peninsular y algunos estudios estilísticos. También puso al día el tomo de *Temas hispanoamericanos*, que forma un conjunto con el mencionado anteriormente. Todo este trabajo se hacía desde la cama de un enfermo. Joan, su esposa, escribía el primero de mayo a Dámaso Alonso que 'le están brotando libros como chorros de una fuente.'[54]

También en esas semanas, Alonso dialogaba y trabajaba con Raimundo Lida, en el hospital de Boston, sobre la manera de completar sus papeles y notas sueltas en un volumen de estudios literarios. Este libro póstumo lleva el título de *Materia y forma en poesía*. Recoge artículos varios sobre estilística española.

Con su colega Rafael Lapesa, trabajaron incesantemente por mes y medio sobre la obra de la pronunciación peninsular. Fue un esfuerzo supremo. Alonso tenía que dictar sus pensamientos porque la letra le temblaba. Revisó lo ya escrito, encargaba adiciones y trazaba normas para lo que comprendía debía dejar sin redactar.[55] Dice Lapesa que Alonso trabajó con precisión y clarividencia increíble. Alonso había redactado dos terceras partes del libro y lo demás fue confiado a Lapesa para la publicación. Así quedó salvada una mayor parte de este extenso estudio. Está publicado el primer volumen de los tres que saldrán; lleva el título *De la pronunciación medieval a la moderna en español*.

Siguió dictando hasta el 22 de mayo. En esos días escribió la importante y reveladora noticia preliminar e introducción del libro recién mencionado; éstas fueron las últimas páginas que dictó. Aún el 25 de mayo pensaba en retoques a su libro y estaba dándole instrucciones a Lapesa. Muere Amado Alonso el 26 de mayo, en Arlington, Massachusetts. Lapesa, su amigo, estuvo profundamente conmovido ante la ejemplar muerte de Alonso, ejemplar por su dedicación al trabajo en la hora final de la existencia. Su vida también fue ejemplar, tanto en Buenos

---

53 Rafael Lapesa, 'Su última lección,' *Clavileño*, mayo-junio (1952), Año III, núm. 15, pág. 52.
54 D. Alonso, Op. cit.
55 Lapesa, *Clavileño*, Op. cit.

Aires como en los Estados Unidos 'donde la labor fue más persistente, donde más ejercitó su don de magisterio y donde más practicó la generosa entrega de sus altas dotes de saber y de organización.'[56]

Alonso, como un hombre de ciencia, investigó 'hasta el fin con celo y rigor admirables.'[57]

Entre los proyectos que Alonso tenía en mente antes de fallecer había uno sobre García Lorca. Con melancolía hablaba de una Poética y de un libro sobre Fray Luis de León, como cosas imposibles de realizarse.[58] Y así también su vieja aspiración de hacer un estudio a fondo de las partes de la oración, la revisión total de la doctrina gramatical, quedó abandonada.

Su muerte ocurrió a seis años de su alejamiento de la Argentina, 'cuando su presencia espiritual fue una presencia viva en la cultura argentina, a pesar de que el campo de su acción no era el más apropiado al renombre fácil.'[59]

Durante su vida Alonso recibió varios honores públicos. La Universidad de Chicago le otorgó el título de doctor *honoris causa*. Enseñó allí dos cursos sobre su especialización. Fue miembro de honor de la Modern Language Association of America y de la Academy of Arts and Sciences of Boston, además de haber sido miembro electo de la Philosophical Society of America. En la Argentina fue miembro de la Academia Argentina de Letras y de la Academia de Historia. También fue miembro de honor de la Universidad de Chile y al morir era Smith Professor de la Universidad de Harvard.[60]

---

[56] Ibid. Menéndes Pidal, Op. cit.
[57] Lapesa, *Clavileño*, Op. cit.
[58] Ibid.
[59] Carilla, Op. cit., 376.
[60] Alonso, Nota biográfica del autor, ver nota al pie núm. 16. Rosenblat, Op. cit.

# Capítulo II: Clasificación de sus obras

El panorama de las obras de Amado Alonso será presentado aquí, para mayor claridad, siguiendo las tres etapas de su vida, a las que ya nos hemos referido en el capítulo anterior.

De la producción total de doscientas obras, la lingüística cuenta con unas ciento viente, el resto tratando de literatura y de estilística.

## Primera etapa (1917 a 1927)

En esta etapa predominan los trabajos sobre lingüística. Entre ellos, el que más se destaca es uno sobre geografía lingüística 'La subagrupación románica del catalán' (1926),[1] que nació a raíz de una polémica con Meyer Lübke. Este trabajo con los años ha mantenido su importancia, razón por la cual fue seleccionado por su autor para ser incluído en sus *Estudios lingüísticos. Temas españoles*.[2]

El estudio de 'El grupo *tr* en España y América,' incluye observaciones sobre las variedades de [r] y [rr] en ambos continentes de habla española. Tiene gran interés este trabajo para nosotros, porque fue el primer contacto que Alonso tuvo con el habla hispanoamericana. Se publicó el artículo en el *Homenaje a Menéndez Pidal* en 1925. Es interesante notar que el origen de este estudio también es debido a otra polémica, sobre un artículo del filólogo alemán Max Leopold Wagner, 'Amerikanospanisch Vulgärlatein' (1920), publicado en *Zeitschrift für Romanische Philologie*, XL, 286–312. En este artículo Wagner elabora la tesis araucanista de Rodolfo Lenz.[3]

Amado Alonso en el transcurso de su vida ha llegado a ser un gran polemista. Dice Rosenblat: 'La polémica era su fuerza, y quizá también su debilidad.'[4]

'Consonantes de timbre sibilante en el dialecto vasco baztanés' es un estudio de fonética dialectal, presentado en el Tercer Congreso de Estudios Vascos en San Sebastián en 1923.

Otro trabajo interesante de esta época es el que trata sobre la diacronía y sincronía de 'como que y cómo que' (1925).[5]

De menor importancia son el estudio etimológico de 'Augustu>agosto y auguriu>agüero' (1922) y 'Réplica a O. J. Tallgren' (1927), que trata sobre lexicología.

Un artículo más general es el de ‚Crónica de los estudios de filología española, 1914–1924' (1925). Alonso nos da en él una síntesis de los estudios y avances que se han hecho en España y en el exterior sobre fonética descriptiva, fonética histórica, prosodia y ortografía hasta 1924.

---

[1] La fecha indicada es la de la primera publicación e irá en todo este estudio a continuación de la obra citada. Para más información bibliográfica ver el apéndice al final de este estudio.
[2] Amado Alonso, *Estudios lingüísticos. Temas españoles* (2da edición; Madrid: Editorial Gredos, 1961), pág. 8.
[3] Amado Alonso, *Estudios lingüísticos. Temas hispanoamericanos* (2da edición; Madrid: Editorial Gredos, 1961), 269, 270.
[4] Ángel Rosenblat, 'Amado Alonso,' *Cultura Universitaria*, XXXI (1952), 64.
[5] Lingüística sincrónica es la que estudia la constitución y el funcionamiento de un sistema. *Lingüística diacrónica* estudia su evolución.

En este momento, los trabajos de literatura son relativamente escasos. La obra más eminente, principiada en 1925, es el estudio sobre las *Sonatas* de Valle-Inclán. Alonso estudió con interés especial las peculiaridades del ritmo en la prosa.[6] Esta obra fue poco conocida en España y fuera de ella, hasta que se publicó en *Materia y forma en poesía* (1955).

Escribió tres reseñas sobre obras de literatura entonces, una de ellas acerca del libro de C. Basto, que trata sobre Queiroz, un literato portugués, dando oportunidad a Alonso de exponer algunos puntos de vista sobre la literatura portuguesa.

Aunque es escasa la producción de estos diez años (once publicaciones) que hemos agrupado en estos párrafos, es sin embargo reveladora, porque ella recoge las tendencias fundamentales de la obra futura de Alonso.

Hemos podido discernir su tendencia hacia la lingüística general y particular. En este último aspecto el estudio sobre 'El grupo *tr* en España y América' (1925) es sumamente importante, pues había despertado en Alonso el interés sobre el español de América, antes de que tuviese la oportunidad de emprender su carrera profesional en la Argentina.

Su interés por la literatura se hace también evidente, y no sólo por la española, sino por obras de arte fuera de España.

La versatilidad de materia y de método (lingüístico y estilístico) en la obra del joven filólogo de este período demuestra ya la amplitud con que él concibe la ciencia filológica.[7]

## Segunda etapa (1928 a 1946)

Las obras de esta época serán consideradas en el siguiente orden: primeramente las que conciernen a la lingüística en general, luego las de tema español, seguidas por las de tema hispanoamericano y últimamente las de literatura y las de estilística.

Los ensayos siguientes: 'Lingüística e historia' (1928), 'Lingüística espiritualista' (1928) e 'Historia artística e historia científica' (1930), continúan en la dirección general de la lingüística, examinando la historia y la evolución de esta ciencia, estudiando a la vez su relación con la filología.

Las obras de otros filólogos eminentes siempre han constituído gran interés para nuestro distinguido hispanista. En los veranos calurosos de Buenos Aires, Alonso se dedicaba a traducir las obras de estos filólogos, haciendo una gran aportación en su campo.[8] Una de las traducciones más importantes ha sido el *Curso de lingüística general* de Ferdinand de Saussure en 1945. La importancia reside en que Alonso había puesto al alcance de los filólogos de habla española, los métodos de una nueva disciplina, la 'fonemática' con su análisis lingüístico, que parte de

---

[6] Amado Alonso, *La Argentina y la nivelacíion del idioma* (Buenos Aires: Institución Cultural Española, 1943), Nota biográfica del autor.
[7] Manuel Muñoz Cortés, 'Vida y obra,' *Clavileño*, XV (1952), pág. 55.
[8] María Rosa Lida, 'Amado Alonso,' *Ínsula*, VII (1952), núm. 78, pág. 3.

las obras de Saussure y que posteriormente fue desarrollada por sus secuaces N. S. Trubetzkoy y el Cercle de Linguistique de Prague.[9] La publicación de esta traducción fue precedida, en el mismo año, de un artículo 'La doctrina lingüística de Ferdinand de Saussure.'

Otra traducción notable es la que hizo de *El lenguaje y la vida* (1941) del francés Charles Bally.

*La filosofía del lenguaje* (1940) de Karl Vossler fue una traducción realizada con la colaboración de su discípulo Raimundo Lida. Alonso escribió también varios artículos sobre este filólogo alemán. En 1932 publicó uno sobre el esquema de la filosofía del lenguaje de Vossler y una continuación de este mismo, en 1942. Valdría la pena destacar aquí que Alonso no siempre necesita de la obra extensa para exponer sus ideas. Un breve artículo periodístico, como los mencionados de Vossler o de Saussure, o un prólogo a las obras traducidas de estos mismos filólogos 'valen por un largo libro.'[10]

*El impresionismo en el lenguaje* (1936) contiene traducciones de ensayos escritos por Charles Bally, Elise Richter y además contiene trabajos originales de Alonso y Raimundo Lida, quienes a su vez fueron los traductores. Alonso solo escribió la introducción al libro. El capítulo de Alonso y Lida 'El concepto lingüístico de impresionismo' ocasionó otro artículo de Alonso, respondiendo a las observaciones de Helmut Hatzfeld sobre este capítulo. El artículo polémico fue publicado en 1940 con el título 'Por qué el leguaje en sí mismo no puede ser impresionista.' Este volumen es el segundo de la *Colección de Estudios Estilísticos*.

Los artículos del primer volumen de *la Colección de Estudios Estilísticos, Introducción a la estilística romance* (1932), también fueron importantes traducciones. Incluye artículos de Karl Vossler, Leo Spitzer y Helmut Hatzfeld, y una introducción de Alonso.

La obra *El español en Chile* (1942) es entre las traducciones la única que no pertenece a tendencias lingüísticas generales. Reúne trabajos de Rodolfo Lenz, Andrés Bello y Rodolfo Oroz. Raimundo Lida también colaboró en esta traducción. Además hay un apéndice escrito por Alonso, 'Rodolfo Lenz y la dialectología hispanoarericana.'

Un grupo especial de ensayos son los que combinan gramática y estilística. El primero, 'Estilística y gramática del artículo,' apareció en 1931. Este estudio iba a formar parte de un libro sobre el mismo tema, proyecto que posteriormente fue abandonado.[11] En 'Noción, emoción, acción y fantasía de los diminutivos' (1935), Alonso estudia sistemáticamente los valores actuales del diminutivo en español. Estos dos ensayo se fundieron posteriormente en uno y fueron publicados bajo 'El artículo y el diminutivo' (1937).

Sobre gramática descriptiva Alonso publicó 'El artículo determinante' (1932). Este trabajo ha sido tomado de las notas de curso de una alumna de Alonso, Aida Barbagelatta.[12]

---

9   R. M. Duncan, reseña sobre *Estudios lingüísticos. Temas españoles* de Amado Alonso, *Symposium*, Vol. 7 (1953), núm. 1, pág. 184. *Fonemática* es la palabra equivalente para el inglés *phonemics*. Es una ciencia lingüística que estudia el sonido en su composición intencional de signos. Amado Alonso, *Estudios lingüísticos. Temas españoles* (2da edición; Madrid: Editorial Gredos, 1961), pág. 10.
10  Emilio Carilla, 'Amado Alonso en la Argentina,' *Cuadernos Hispanoamericanos*, marzo (1954), núm. 51, pág. 370.
11  Alonso, *Temas españoles*, Op. cit., 125.
12  Editores, 'Bibliografía de Amado Alonso,' *Nueva Revista de Filología Hispánica* (México: D. F. *Panorama*, in Panorama, Washington, DC), VII (1953), pág. 5.

Parte del magisterio de Alonso son los manuales de enseñanza que compuso. Los dos volúmenes de la *Gramática castellana*, primer y segundo curso, fueron elaborados juntamente con Pedro Henríquez Ureña en 1938 y en 1939 respectivamente. Con la colaboración de Concepción Prat Gay de Constenla publicó *Castellano. Ejercicios prácticos y nociones elementales* (1939).

Las reseñas son varias y tratan sobre Menéndez Pidal, 'El substrato mediterráneo occidental' (1941); sobre A. Castro, 'La peculiaridad rioplatense' (1942); otras sobre lexicología, sintaxis, pronunciación, etc.

Su último volumen que Alonso habrá visto impreso fue *Estudios lingüísicos. Temas españoles* (1951). Los ensayos que encontramos aquí fueron elaborados, en su mayoría, en la segunda etapa de la vida profesional de Alonso.

Alonso mismo anunció que en los ensayos de este libro quedaron excluídos aquellos que están destinados al público reducido de los especialistas, para interesar a un mayor número de lectores.[13] La única excepción lo forma el conocido ensayo 'La subagrupación románica del catalán' (1926). Ha sido incluído porque de él nació otro ensayo complementario, 'Partición de las lenguas románicas de Occidente' (1943), y porque así Alonso tenía ocasión de presentar 'otros modos de considerar la cuestión.'[14] Casi después de veinte años surgió éste último, pero no para seguir polemizando con Meyer-Lübke o con Griera, 'sino para plantear el problema sobre un deslinde y una aclaración de conceptos,'[15] llevándole a aclarar los conceptos de iberorrománico y galorrománico.

'Substratum y superstratum' (1941) trata también de conceptos lingüísticos generales. Incluídos están los artículos arriba mencionados, que funden la gramática y la estilística, 'Estilística y gramática del artículo en español' (1933) y 'Noción, emoción, acción y fantasía de los diminutivos' (1935), con un trabajo nuevo 'Sobre métodos: construcciones con verbos de movimiento en español' (1939).

Vuelven a reimprimirse 'La identidad del fonema' (1944) y 'Una ley fonológica del español' (1945), seguramente por la utilidad de estos trabajos en fonemática y fonología respectivamente. Este ensayo último se relaciona con la nueva disciplina llamada fonemática, mencionada al comentar sobe la traducción que Alonso hizo de la obra de Ferdinand de Saussure *Curso de lingüística general*. La importancia de esta publicación la tenemos en palabras de R. M. Duncan:

---

[13] Alonso, *Temas españoles*, Op. cit., 7.
[14] Ibid., 8.
[15] Benvenuto Terracini, 'Parentesco lingüístico. Contribución a la hisoria de un concepto,' *Nueva Revista de Filología Hispánica*, VII (1953), pág. 23.

> In any case the appearance of his article 'Una ley fonológica del español: in the *Hispanic Review* in the year 1945 marks the first major effort to present specifically to Spanish linguists in the United States the methods of Trubetzkoy, Jakobson, and others belonging to or influenced by the Cercle Linguistique de Prague.[16]

Con esta publicación Alonso reforzó las labores de jóvenes lingüistas que empezaban a usar la técnica fonemática en el examen de fenómenos lingüísticos.[17]

*Estudios lingüísticos. Temas hispanoamericanos* (1953) es una obra póstuma, gemela a la de ensayo de *Temas españoles*, pero dedicado a los problemas principales del español de América. Los ensayos que componen este volumen fueron escritos en su mayoría en esta etapa de la obra productiva de Alonso. Algunos fueron retocados y ampliados, otros fueron reelaborados totalmente, en cuyo caso se publicaron con un título diferente del original.[18] 'El grupo *tr* en España y América' (1925) es el único ensayo representando la primera etapa filológica y aparece en este libro bajo 'La pronunciación de 'rr' y 'tr' en España y América.' En cambio 'La 'll' y sus alteraciones en España y América' (1951) pertenece a la tercera etapa investigadora. Estos dos trabajos, más el de 'Geografía fonética: -l y -r implosivas en español' (1945), llamado ahora ''r' y 'l' en España y América,' son todos estudios sobre fonética americana. El ya mencionado estudio 'Examen de la teoría indigenista de Rodolfo Lenz' (1939) forma también parte del libro.

Sobre cuestiones fundamentales de la lengua española americana se encuentran 'Primeros problemas históricos del castellano en América' (1938), ahora 'Orígenes del seseo americano,' y 'La base lingüística del español americano' (1953), que fue expresamente escrito para encabezar este libro.[19] El ensayo 'Preferencias mentales en el habla del gaucho' (1933) lleva por título en este libro 'Americanismo en la forma interior del lenguaje.' Es uno de los trabajos que después de reelaborado no sólo apareció en este volumen sino también en el libro *El problema de la lengua en América* (1935). Es una investigación sobre la forma interior del lenguaje de los argentinos.

El libro *Castellano, español, idioma nacional* (1939) es una preciosa obra que traza la historia de los nombres de nuestra lengua en conjunción a su contenido espiritual y cultural. Esta investigación incluye los anhelos que han impulsado a los hispano hablantes a preferir uno u otro nombre. Alonso traza asimismo un capítulo paralelo sobre las preferencias de uno y otro nombre en Norte América, en Canadá y en el Brasil. Un artículo que salió en *La Nación*, 'Castellano y español' (1936), anunciaba ya que Alonso estaba meditando sobre este tema.

---

[16] Duncan, Op. cit., pág. 185. Es importante comprender el antecedente histórico de estos estudios. El Sr. Duncan nos informa que los hispanistas de los Estados Unidos han tomado mucho tiempo en interesarse por los métodos de análisis lingüístico, desarrollados por Trubetzkoy, Jakobson, otros más y el Círculo Lingüístico de Praga. Duncan atribuye esta situación a la filología española, que daba énfasis a la investigación lingüística de problemas de texto. Otro factor que influyó fue la figura eminente de filólogos españoles, ahora en América. Y por último, también influyó la investigación histórica (que se estaba realizando) de la lengua española, que faltaba aún por hacerse y que era muy necesaria.

Dice Duncan, que el interés creciente de estos filólogos en Estados Unidos sobre el español de América trajo nuevas preocupaciones, el estudio de la literatura y de la lengua hispanoamericana. El estudiante interesado en este campo, sin el necesario instrumento para su investigación, se dirigía hacia los colegas germánicos para aprender de ellos las nuevas técnicas lingüísticas (pág. 184 de la citada reseña de Duncan).

[17] Ibid.

[18] Marcos A. Morínigo, reseña sobre *Estudios lingüísticos. Temas hispanoamericanos* de Amado Alonso, *Revista Hispánica Moderna*, XXI (1955), pág. 140.

[19] Ibid. 141.

Son, sin embargo, los numerosos tabajos sobre el español de América los que ocuparán un lugar privilegiado en estos años, tanto en la lingüística como en la literaturea. En lingüística Alonso concentra su atención en dos focos principales: en la unidad de la lengua española y en problemas de dialectología (fonéticos y fonológicos).

Artículos separados que tratan de la lengua en general son: 'El porvenir de nuestra lengua' (1933), 'El idioma español en los ideales del siglo XVI' (1937) y 'El descubrimiento de América y el idioma' (1945).

Alonso, a su llegada a la Argentina, primero investigó y analizó la situación general del idioma. De este interés y esfuerzo surge su libro *El problema de la lengua en América* (1935). Algunos artículos anteriormente publicados vuelven a reaparecer aquí con variantes importantes y correcciones.[20] Algunos, como 'Llega a ser lo que eres' (1929) y 'Ruptura y reanude de la tradición idiomática en América' (1933), tratan sobre la unidad de la lengua en España y en Hispanoamérica. En 'El problema argentino de la lengua' (1932) e 'Hispanoamérica, unidad cultural' (1934) Alonso expuso un problema que le ha preocupado profundamente, el de la fragmentación de la lengua, porque tal fenómeno implica no sólo la fragmentación de la lengua sino también la de la cultura.

En el libro *La Argentina y la nivelación del idioma* (1934), Alonso advierte medios para combatir la fragmentación de la lengua. Los tres primeros capítulos del libro aparecieron previamente en el suplemento literario de *La Nación* y son 'La Argentina en la dirección inmediata del idioma' (1940), 'De cómo se cumplirá el influjo argentino en la lengua general' (1940) y 'Las academias y la unificación del idioma' (1940). Estos mismos artículos han sido publicados juntos en inglés bajo 'A new proving ground for the Spanish Language' (1941), traducidos por Margaret S. de Lavenás y publicado por el Instituto Cultural Argentino-Noarteamericano. Al reunirlos aquí, Alonso ha retocado algunos puntos pero el pensamiento mismo no ha sido afectado. 'La Argentina y la nivelación del idioma' (1942) es un artículo que aparece ahora bajo el título de 'Periodismo, radio y cinematógrafo.' 'El ideal artístico de la lengua y la dicción en el teatro' fue originalmente una conferencia pronunciada en el teatro Nacional de Comedia, el 7 de septiembre de 1936. Está también incluído el artículo 'Intereses filológicos e intereses académicos en el estudio de la lengua' (1933). Alonso devota un interesante capítulo en este libro a la historia de la enseñanza del idioma en la Argentina.[21] Es interesante notar que Alonso escribió en 1944 una reseña conjunta, sobre esta obra suya y sobre *La unidad del idioma* de Menéndez Pidal, confrontando los dos trabajos.[22]

Alonso también se ha interesado en el vasto campo de la dialectología hispanoamericana. En 'Examen de la teoría indigenista de Rodolfo Lenz' (1939), 'Problemas de dialectología hispanoamericana' (1930) y en el Prólogo (1931) al libro de Marcos H. Morínigo, *Hispanismos en el guaraní*, Alonso estudió algunos problemas de los substratos indios (araucano, guaraní, etc.), precisando las áreas de estudio y caracteres de los distintos fenómenos.[23] También en el Prólogo

---

[20] Editores, Op. cit., 6.
[21] Alonso, Nota biográfica del autor, ver nota al pie núm. 5.
[22] Editores, Op. cit., 12.
[23] Rafael Lapesa, 'Amado Alonso,' *Hispania*, XXXVI (1953), núm. 1, pág. 146.

Alonso establece un paralelo entre la historia de la [ll] adoptada del español por los guaraníes y la antigua historia de la [f] adoptada del latín por los ibéricos. 'Estudios sobre el español de Nuevo Méjico' (1930) ha sido un trabajo de colaboración entre Aurelio M. Espinosa, Ángel Rosenblat y Alonso.

Algunos rasgos del habla hispanoamericana fueron determinados en 'La pronunciación americana de *z* y de la *ç* en el siglo XVI' (1939) y en 'Rodolfo Lenz y la fonética del castellano' (1937).[24] El artículo 'Plan expositivo de la fonética dialectal' (1936) fue estimulado por un artículo de Anita C. Post, 'Southern Arizona Spanish phonology' (1935).[25]

Aparecen varias reseñas sobre el español del Perú (1941), otras sobre el portugués del Brasil (1941), sobre su evolución y tendencias.

A la literatura Alonso dedicó estudios de temas universales, españoles e hispanoamericanos. *Ensayo sobre la novela histórica* (1942) es un libro importante, cuya primera parte está formada por artículos anteriormente publicados: 'Ensayo sobre la novela histórica' (1938), 'Los comienzos de la novela histórica' (1939) y 'La crisis en Manzoni sobre la novela histórica' (1941). Este libro formó el tercer volumen de la *Colección de Estudios Estilísticos*. La segunda parte de esta obra contiene un estudio estilístico sobre la prosa modernista de la novela *La gloria de don Ramiro* (1908), del autor argentino Enrique Larreta. Alonso escribió luego un artículo para *La Nación* sobre el mismo asunto, 'El estilo de Larreta en *La gloria de don Ramiro*' (1942).

Un artículo sobre estilística española es el que lleva por título 'Maestría antigua de la prosa' (1945). En él se trata del *Cavallero Zifar* en la historia de la prosa narrativa española.[26]

De esta misma época datan innumerables reseñas que se refieren a *La Celestina* (1942), al Arcipreste de Talavera (1942), Juan del Encina (1942), *Tragicomedia de don Duardos* (1942) y muchas otras.

La actividad literaria de Alonso cuenta con memorables conferencias. Unas cuantas fueron editadas para publicaciones posteriores, otras simplemente dormitaban para ser elaboradas en futuros ensayos. Así 'Lo picaresco en la picaresca' (1929) fue publicado luego con el título de 'Lo picaresco en la novela picaresca: (1929) por el Club Español de Buenos Aires. Es una lástima que la conferencia sobre Cervantes en 1952 (tercera etapa investigadora de la obra de Alonso) no haya sido publicada en su totalidad; el único fragmento que poseemos está incluído en *Materia y forma en poesía* (1955). El artículo publicado en 1932 sobre *Don Segundo Sombra*. 'Un problema de estilística' fue la versión taquigráfica de una conferencia pronunciada el 30 de julio del mismo año, en el Centro de Estudiantes de Derecho y Ciencias Sociales.[27] Seguramente una de las razones por las que Alonso no ha permitido la publicación de muchas de sus conferencias es porque él era muy escrupuloso con la palabra escrita.[28] Y como Alonso tenía siempre tantos proyectos en elaboración, cada uno tenía que aguardar su turno.

---

24 Editores, Op. cit., 5.
25 Ibid., 7.
26 Editores, Op. cit., 12.
27 Ibid., 5.
28 Raimundo Lida, *Advertencia* en *Materia y forma en poesía* de Amado Alonso (2da edición; Madrid: Editorial Gredos, 1960), pág. 8.

Los artículos sobre literatura y estilística americana son numerosos. Para dar una idea citaré algunos ejemplos a continuación: 'Sobre el estudio del género gauchesco' (1930) y 'Aparición de una novelista' (1936). En este artículo Alonso hizo observaciones estilísticas sobre la primera novela de la autora chilena María Luisa Bombal, *La última niebla*. Existen varios estudios sobre la importante figura literaria argentina Jorge Luis Borges. Estos son: 'Discusión sobre Jorge Luis Borges' (1933), 'A quienes leyeron a Jorge Luis Borges en *Sur*, número 86' (1942), 'Desagravio a Borges' (1942), en el que Alonso hace consideraciones sobre Borges y su lugar en la literatura argentina, y 'Borges, narrador' (1935), que es un estudio estilístico sobre la colección de sus cuentos *Historia universal de la infamia*. Los dos últimos fueron incluídos en *Materia y forma en poesía* (1955).

Ha sido fácil observar, en el transcurso de esta clasificación de las obras de Alonso, que los viejos temas siempre aguardaban la ocasión de volver a ser tratados, con más saber y con más ahinco, descubriendo en ellos nuevos conocimientos.[29] Las palabras siguientes de Raimundo Lida revelan la característica de este crecimiento:

> Pocos espectáculos le fascinaban tanto como el de crecimiento de la verdad: no una burocrática acumulación de esfuerzos, sino el encenderse de pronto la verdad más luminosa en la chispa de lo apenas vislumbrado y esbozado.[30]

La poesía del poeta chileno Pablo Neruda también ha merecido varios trabajos: 'Algunos símbolos insistentes en la poesía de Pablo Neruda' (1939), 'La poesía de Pablo Neruda' (1939), 'Sobre la índole de la fantasía de Pablo Neruda'(1939) y 'El contenido de la poesía de Pablo Neruda' (1940). Estos artículos se desarrollaron completamente en el libro *Poesía y estilo de Pablo Neruda. Interpretación de una poesía hermética* (1940).

María Rosa Lida ha destacado que Alonso ha escrito la mejor biografía de Fernán Gonzáles de Eslava (artículo publicado en 1940), el dramaturgo más antiguo del Méjico colonial del siglo XVI.[31]

Incluímos aquí el libro póstumo de *Materia y forma en poesía* (1955) porque los veinte y cuatro estudios que reúne fueron escritos en esta época, con la excepción del estudio sobre Valle-Inclán, que data de la primera etapa. Antes de que fuese integrado en este libro, había pasado por tres o cuatro redacciones.[32]

Alonso, gravemente enfermo, escogía el material para este libro de los muchos estudios ya existentes, trazando el plan en que debían ser preparados para la imprenta. Incluyó aquellos que a su juicio estaban enlazados con los problemas de la creación poética o con los de la comprensión de la obra poética. No le molestaba que hallaran su sitio en este libro algunas páginas incluídas en otro libro anterior, tal vez inaccesible.

---

[29] Ibid., 7.
[30] Ibid., 8.
[31] M. R. Lida, Op. cit.
[32] R. Lida, Op. cit., 7.

Ni tampoco que unas mismas observaciones o unos mismos ejemplos ilustrativos reaparecieran en más de un contexto con distinto sesgo e intención. Mucho más le importaba que su obra póstuma de crítica literaria se mostrase, en su conjunto, claramente gobernada por una visión unitaria de la poesía.[33]

Alonso había sido siempre muy riguroso consigo mismo, veía sus artículos, ahora ante la muerte, como capítulos provisionales de un libro futuro, y 'los veía débiles y pequeños frente a lo que hubieran podido ser.'[34] Sin embargo se resignó. Sus últimos pensamientos fueron: 'No importa...; tal zez no sean inútiles: tal vez sirvan para que otros vean mejor.' Dice Raimundo Lida que Alonso entendía 'el servir para que otros viesen mejor' como una rigurosa exigencia de cada instante.[35]

Los estudios conciernen cuestiones estilísticas generales, españolas y americanas. Entre las generales tenemos 'La interpretación estilística de los textos literarios' (1942), 'Sentimiento e intuición en la lírica´(1940), 'El ideal clásico de la forma poética' (1946), 'Clásicos, románticos y superrealistas' (1940), 'El ideal artístico de la lengua y la dicción en el teatro' (1936) y la 'Epístola a Alfonso Reyes sobre la estilística' (1941), en la que Alonso da una caracterización sistemática de esta disciplina. En el ejemplar enviado a Reyes está tachada la palabra 'Epístola' y sustituída por 'Carta,' con una explicación 'Lo de Epístola es cosa del corrector de estilo del diario.'[36] Aparece en el libro con la versión de 'Carta.'

Poetas españoles tratados son 'Jorge Guillén, poeta esencial' (1929), dos ensayos sobre Lope de Vega (1934 y 1936) y algunos más.

Entre los escritores hispanoamericanos se encuentran Borges, Eduardo Mallea (1939), Rubén Dario (1932), Paul Groussac, a pesar de ser francés, pues está muy ligado a la literatura y a la historia argentina,[37] Ricardo Güiraldes con *Don Segundo Sombra* y otros más.

La más fecunda de las tres etapas concluye así con ciento cincuenta publicaciones.

## Tercera etapa (1947 a 1952)

La última etapa de apenas seis años también fue productiva, con treinta y cuatro publicaciones en total.

En estos años Alonso concentra gran parte de sus esfuerzos a la fonética peninsular, uno de los temas predilectos. Le interesaron particularmente las transformaciones ocurridas en la pronunciación española, en especial la de las consonantes, desde los tiempos antiguos del romance y sobre todo las del siglo XVI y XVII.[38] Las investigaciones sobre este tema quedaron inscritas en su libro póstumo *De la pronunciación medieval a la moderna en español* (1955), ultimado y dis-

---

33 Ibid., 7, 8.
34 Ibid., 8.
35 Ibid.
36 Editores, Op. cit., 10.
37 Jorge Campos, *Diccionario de literatura española*, directores: Germán Bleiberg y Julián Marías (3ra edición corregida; Madrid: Revista de Occidente, 1964), pág. 365.
38 Lapesa, Op. cit.

puesto para la imprenta por Rafael Lapesa. Este volumen tardó tres años en ser preparado para la publicación y quedan aún dos más por imprimirse. Es la obra monumental de toda la investigación de Alonso.[39]

La génesis de la obra está en 1929 (segunda etapa de la producción investigadora de Alonso). Había de acompañarle por más de veinte años intermitentes. Su autor en la Noticia preliminar a la obra dejó impresas las escalas a que ascendió en su elaboración total.

La primera escala fue la de Buenos Aires (1929), donde el material para su investigación fue insuficiente. La biblioteca de esa ciudad no estaba provista de obras antiguas como las que Alnso iba a tener que consultar. Halló algunos raros ejemplares en bibliotecas particulares, como las gramáticas reimpresadas por el Conde de la Viñaza y también su recopilación del grueso volumen de la *Biblioteca de la filología castellana*, que es una colección de extractos, con algunos resúmenes de gramáticos y estudios filológicos del siglo XV al XIX.[40]

Cuando Alonso viajó a los Estados Unidos en 1946, ya había redactado casi todo el libro. Pero en Harvard tuvo la oportunidad de manejar los libros originales mencionados o extractados en el libro de la Viñaza. Encontró tanto material no conocido, sobre todo del siglo XVI y XVII, que su proyecto tuvo que ser revisado, entrando así la obra en su segunda escala, la que iba a ser la final para Alonso.[41]

Para no hacer interminable el primer volumen Alonso había estudiado aparte y había publicado algunos asuntos.[42] En 'Examen de las noticias de Nebrija sobre la antigua pronunciación española' (1949) y en 'Identificación de gramáticos españoles clásicos'(1951), Alonso examinó las teorías gramaticales de Cristobal de Villalón, Antonio de Corro y del Anónimo de Lovaina.[43] Los demás artículos que forman parte del libro están relacionados a la historia de las sibilantes españolas (fonética y fonología): 'Las correspondencias arábigo-españolas en los sistemas de sibilantes' (1946), 'Trueques de sibilantes en antiguo español' (1947), 'La pronunciación francesa de la ç y de la z españolas' (1951), 'Cómo se pronunciaba la ç y la z antiguas' (1951), 'Historia del ceceo y del seseo españoles' (1951) y 'Formación del timbre ciceante de la *c*, *z* española' (1951).

Fuera de esta obra principal, Alonso escribió una 'Introducción a los estudios gramaticales de Andrés Bello' (1951); en realidad es un prólogo a las Obras Completas de este erudito hispanoamericano (vol. IV), en el que analizó particularmente la doctrina de los tiempos.[44]

Datan de esta época las reseñas sobre Schuchardt y Florentino Castro Guisasola, que tratan sobre la lengua vasca (1948).

En los trabajos literarios hay varios relacionados a Cervantes. Estos son 'Las prevaricaciones idiomáticas de Sancho' (1948), del que nació otro: 'Historia de dos palabras: zonzos y zoncerías' (1948), publicado en *La Nación*. 'Don Quijote no asceta, pero ejemplar caballero y cristiano' (1948) fue una réplica al artículo de Helmut Hatzfeld 'Don Quijote asceta?' (1948).

---

[39] Yakov Malkiel, reseña sobre *De la pronunciación medieval a la moderna en español* de Amado Alonso, *Romance Philology*, vol. 9 (1955–1956), pág. 237. Muñoz Cortés, Op. cit.
[40] Amado Alonso, *De la pronunciación medieval a la moderna en español* (Madrid: Editorial Gredos, 1955), págs. 13–15.
[41] Ibid.
[42] Ibid., 14.
[43] Editores, Op. cit. 14
[44] Rosenblat, Op. cit., 71.

Aparecieron también dos reseñas, una sobre 'Cervantes across the centuries,' editado por Flores y M. J. Benardete, y otra sobre el 'Homenaje a Cervantes,' que apareció en la revista *Realidad* (1948).

También aparecieron dos trabajos sobre Fray Luis de León (1950 y 1951) y varias reseñas que atañen a Herrera (1951), al Amadís (1950) y a *La España del Cid* de Menéndez Pidal (1950).

Varios críticos han observado como la obra del lingüista, del estilista, del filólogo, del maestro y del organizador forman un harmónico conjunto.[45] Ciertamente toda la vasta obra está vinculada por los intereses filológicos de Alonso. Dice Lapesa:

> No había dispersión en dos campos distintos, porque Amado Alonso, al tratar del lenguaje, ponía siempre de relieve los aspectos que major reflejaban la incesante actividad del espíritu creador....[46]

Nada más revelador que las mismas palabras de Alonso sobre este punto:

> Pero estos dos aspectos [Filología y Lingüística] de una misma cosa no pueden darse como compartimientos estancos, sino mezclados y alternantes en un mismo estudio para nuestro apoyo, porque nuestras miradas deben siempre permanecer atentas a todo aquello que pueda revelarnos algo del espíritu y de su fuerza directora y moldeadora de la materia.[47]

---

[45] Carilla, Op. cit., 369. Muñoz Cortés, Op. cit.
[46] Lapesa, Op. cit., 145.
[47] Amado Alonso, 'Lingüística espiritualista,' *Síntesis*, I (1928), núm. 8, pág. 236.

# Capítulo III: Crítica de su obra

ANTES DE DAR COMIENZO A ESTE CAPÍTULO, quisiera aclarar brevemente que el studio aquí presentado, sobre como la obra de Amado Alonso ha sido acogida por sus colegas y por los diversos campos de su investigación, no tiene alarde de ser completo. Es este todavía un 'campo virgen' como diría Alonso mismo, en el que nos queda mucho por estudiar.

Primero se va a presenter críticas y reseñas sobre obras concernientes al habla española de América y en particular sobre el libro *Estudios lingüísticos. Temas hispanoamericanos* (1953); continuando con reseñas sobre *Estudios lingüísticos. Temas españoles* (1951); luego una evaluación de varias obras literarias y estilísticas; para finalizar con las reseñas sobre la obra que ocupaba la mente del gran filólogo, en los últimos días de su vida, *De la pronunciación medieval a la moderna en español* (1955), primer volumen.

Los estudios hispánicos de Alonso, ya durante su vida se habían destacado en su campo.[1] Toda persona dedicada al studio del español de América, tanto en su lengua como en su literatura, ya fuese en Europa o en América, tenía y tiene que recurrir a los trabajos de Alonso, a sus varias colecciones, a sus artículos y libros, porque estos fueron la primera investigación seria que se había hecho sobre este tema tan vital.[2]

Hay varias reseñas sobre el libro *Castellano, español, idioma nacional* (1938). Debo aclarar que este libro en su mayor parte trata del recorrido de los conceptos 'castellano' y 'español' por la historia de la Península, y sólo en menor grado se hacen observaciones sobre el uso de éstos en América. No es difícil adivinar la razón por la que algunos artículos críticos, que serán presentados a continuación, han considerado este libro junto con otros que tratan sobre temas hispanoamericanos. Alonso expuso en él ideas que están estrechamente relacionadas con las obras hispanoamericanas, tal como la unidad de la lengua española en ambos continents, la función de la lengua culta, y otras. Ideas que serán desarrolladas en los siguientes capítulos de este estudio.

Muñoz Cortés y R. Lapesa piensan, respectivamente, que este libro es un estudio magistral de semántica, de unas palabras que la investigación de Alonso muestra estar enraizada con la historia hispanoamericana, y que es uno de los libros más ricos en ideas.[3] El señor Crawford ha destacado que el variado fondo, las bases y los usos de estas palabras, además de su amplia documentación, están trazados lúcidamente.[4]

---

[1] Carlos Clavería, 'Amado Alonso,' *Clavileño*, mayo-junio (1952), Año III, núm. 15, pág. 51.
[2] María Rosa Lida, 'Amado Alonso,' *Ínsula*, VII (1952), núm. 78, pág. 3.
[3] Manuel Muñoz Cortés, 'Vida y obra,' *Clavileño*, XV (1952), pág. 55.
Rafael Lapesa, 'Amado Alonso,' *Hispania*, XXXVI (1953), núm. 1, pág. 146.
[4] Wickersham Crawford, reseña sobre *Castellano, español, idioma nacional*, de Amado Alonso, *Hispanic Review*, vol. 7, 1939, pág. 90.

A. Roggiano, D. Alonso y A. Rosenblat consideran la obra *Castellano, español, idioma nacional* junto con los libros *El problema de la lengua en América* (1935) y *La Argentina y la nivelación del idioma* (1943). Ellos piensan que estos tres son los más finos de Alonso, libros admirables que defienden la unidad del español, para el mantenimiento de la cultura.[5]

E. Carilla y A. Roggiano han comentado sobre la *Gramática castellana*, primer curso (1938) y segundo curso (1939), que fue escrita en colaboración de Pedro Henríquez Ureña. Esta gramática, aunque escrita expresamente para la enseñanza de las escuelas secundarias de la Argentina, es válida para cualquier otro país de habla española.

Para Roggiano la gramática también pertenece a las obras que defienden la unidad lingüística del español.[6] Los valores del manual los apunta Carilla: 'En la capacidad de los autores, trasmutada en métodos y conocimientos que son un bajar – sin malear – las conclusions de la lingüística al campo de la enseñanza escolar…a a la ortografía la han desligado de reglas abrumadoras.'[7] Las gramáticas posteriors que se han publicado desde entonces no han disminuído la severa doctrina que sostiene la construcción del manual de Alonso y de P. H. Ureña.[8]

Entre los críticos, Cortés ha sido el único en destacar el mérito de Alonso y de sus alumnos, sobre todo Rosenblat, en haber sistematizado el studio de las tendencies del español vulgar 'mostrando su unidad en el total dominio de la lengua,' además de haber deslindado conceptos muy usados hoy, como dialectalismo, vulgarismo y otros.[9]

El tremendo ímpetus que Alonso dió al studio del español por medio de colecciones como la *Biblioteca de Dialectología Hispanoamericana*, lo mencionan Duncan y Cortés.[10] Según Duncan esta colección es el tratado más a fondo del español de América que se ha hecho hasta hoy.[11]

Sobre *Estudios lingüísticos. Temas hispanoamericanos* (1953) tenemos dos reseñas. Una es de Marcos A. Morínigo, p. 140–141 en la *Revista Hispánica Moderna*, XXI, 1955, y la otra de Enrique Carrión Ordóñez, p. 247–254, en *Boletín del Instituto Riva Agüero*, 1953–1955, número 2.

Ambos críticos piensan que los ensayos reunidos en este libro son fundamentales de la obra de Alonso, con respecto a los principales problemas del español hispanoamericano.

El señor Ordóñez destaca la gran variedad de materia y de métodos que despliega el libro. Se encuentran trabajos de carácter erudito, análisis detallados de imperceptibles cambios en las consonantes, una delicada descripción de la forma interior del lenguaje americano, el del gaucho argentino, inclusive un ensayo estilístico sobre la poesía gauchesca. Son trabajos que incluyen la especialización lingüística, la filosofía del lenguaje, literatura y estilística.

---

5  Alfredo Roggiano, reseña sobre *Estudios lingüísticos. Temas españoles* de Amado Alonso, *Boletín de Filología*, VII, 1952–1953, pág. 363.
Dámaso Alonso, 'Noticia biográfica de Amado Alonso' *Ínsula*, VII (1952), núm. 78, pág. 2.
Ángel Rosenblat, 'Amado Alonso,' *Cultura Universitaria*, XXXI (1952), pág. 67.
6  Roggiano, Op. cit.
7  Emilio Carilla, 'Amado Alonso en la Argentina,' *Cuadernos Hispanoamericanos*, marzo (1954), núm. 51, pág. 373.
8  Ibid.
9  Muñoz Cortés, Op. cit., 54, 55.
10  Ibid., 53, 55. R. M. Duncan, reseña sobre *Estudios lingüísticos. Temas españoles* de Amado Alonso, *Symposium*, vol. 7, mayo (1953), núm. 1, págs. 184, 185.
11  Duncan, Ibid., 185.

CAPÍTULO III: CRÍTICA DE SU OBRA    27

Morínigo ha visto que esta misma variedad no sólo es hallada en el conjunto del libro, sino que puede incluso ser encontrada en un solo ensayo como el primero del libro, *La base lingüística del español* (1953). En este ensayo se equilibran todas las tendencies de Alonso (lingüística, estilística, metodológica y pedagógica), dándonos una obra maestra de ciencia filológica tanto como de sabiduría literaria (p. 141). Además, este mismo crítico hace notar que con este ensayo Alonso ha establecido definitivamente un tema de tanta controversia como el de la base lingüística de la lengua hispanoamericana. Según él, la excelente prosa de este studio lo asemeja a una obra poética, porque Alonso ha sido capaz de 'transmutar en lírica la prosa de la ciencia' (p. 141).

Para el studio del 'yeísmo' en el Perú, faltan muchos trabajos básicos, sobre los que luego se puedan tener una vista de conjunto del lenguaje peruano. Los datos del Perú son, por lo tanto, todavía muy incompletos. Pero Alonso por lo menos ha iniciado este studio en el ensayo de este libro *La ll y sus alteraciones en España y América* (1951). Las interpretaciones de Alonso pueden servir, según Ordóñez (p. 252), como el punto de partida para futuros trabajos.

Cortés, sobre este mismo ensayo, dice que aunque uno no está conforme con los resultados de Alonso 'el trabajo es muestra de una maestría absoluta en la ordenación de datos y en el planteamiento de los problemas.' El yeísmo es otro fenómeno donde Alonso ve la unidad hispánica del idioma.[12]

Como investigador peruano, Ordóñez capta dos pequeños errores de topografía para el Perú, Tumba por Tumbes, y Salta por Santa, muestra además disconformidad sobre la pronunciación de ['y'] en la costa peruana como rehilada (p. 251).

Alonso (en las páginas 319 a 321, del libro reseñado) formula un programa para los estudios de sustrato, hecho que Ordóñez encuenra particularmente valioso porque podrá ser de provecho para los que deseen establecer el margen de influencia quechua en el habla hispanoamericana (p. 253). Otra virtud del libro, según este crítico, es la enseñanza ejemplar 'con respecto a lo que debe decir y no debe afirmar quien trabaja en el inmenso campo de la lingüística' (p.254).

El respeto que Alonso tiene por las afirmaciones de colegas, de otros eruditos y discípulos, ha sido notado por Ordóñez (p. 254) y otros más. Ellos han destacado que Alonso en sus investigaciones siempre va en busca de la verdad, libre de celos profesionales.[13] He aquí una instancia que lo demuestra:

> Hemos leído el libro [das *Katalanische* de Meyer-Lübke] con la avidez y devoción con que leemos siempre los trabajos de tan eminente filólogo. Sus vastos conocimientos, sus raras dotes comparativas y su fecunda imaginación nos prometían un gran avance en el esclarecimiento de uno de nuestros más importantes y complejos problemas lingüísticos. Por esta razón, nuestra sorpresa ha sido grande y dolorosa. A pesar de las valientes palabras del autor arriba transcritas, y casi sin acudir para las objeciones a más testimonio científico que al del mismo M. L., no nos es possible admitir esas conclusions

---

[12] Muñoz Cortés, Op. cit., 55.
[13] Duncan, Op. cit., 182; Rosenblat, Op. cit., 69 y M. R. Lida, Op. cit.

como definitivas. Pocos como el sabio profesor de Bonn, de quien tanto hemos aprendido, merecen en tan alto grado nuestro respeto y nuestra veneración. Pero la importancia que en la filología románica tiene este problema nos impone el desagradable deber de contradecir al maestro.[14]

Ordóñez y Morínigo concurren en el gran valor del libro. Este último lo ha expresado major:

> Para los filólogos y profesores de disciplinas que se benefician con las cosechas de la filología es éste un libro indispensable, un hito de magnitud que en la ruta del progreso de la filología hispánica ha plantado Amado Alonso, como otros tantos, para que quede (p. 141).

Carilla advierte que en los elogios a Alonso también le han hecho objeciones, no por la obra realizada, sino por lo que no ha hecho, como por ejemplo llevar a cabo planes vinculados al estudio preferente de la lengua en la Argentina, a diccionarios y obras lexicográficas, proyectos que figuraban desde la fundación del Instituto de Buenos Aires, en 1923.[15] Este crítico disculpa a Alonso, al tener en cuenta su labor creadora como director en Buenos Aires. Lamenta únicamente que la ofrenda de obras sobre el habla de la Argentina no fuese tan numerosa como se hubiera deseado.[16] Su consuelo es que en disciplinas donde casi todo se estaba aún por realizar, Alonso arrimó bases firmes para el studio científico, arrimó métodos, orientaciones y fortaleció las inquietudes sobre esta dirección en sus amigos y discípulos.[17]

A Carilla le parece que la vasta obra sobre la lengua de la Argentina tampoco pudo realizarla Alonso, no sólo por la falta de tiempo, sino porque, al igual que sobre el habla del Perú mencionado ya por Ordóñez, necesita todavía de muchos estudios parciales y coordinados. Pero cuando se hagan éstos 'tendrá que recurrirse con frecuencia a los que su palabra, ejemplo y libros, en particular enseñaron.'[18]

La falta de estudios fundamentalses en las diferentes hablas del español de América eran muy evidentes para Alonso. Muy a menudo pedía a colegas y amigos que trabajasen en ciertos aspectos, para que así él pudiera continuar los ensayos y trabajos comenzados sobre bases firmes. Esta situación está atestiguada en *Estudiios lingüísticos. Temas hispanoamericanos* (1953), donde leemos: 'Según los datos recogidos, a petición nuestra, por Mr. Stanley L. Robe,... A petición nuestra, el profesor Grases ha hecho recientemente una encuesta sobre la confusion de *r* y *l* in Venezuela.'[19]

Yo creo que la falta de trabajos básicos, no sólo en América, sino incluso sobre problemas peninsulares, ha condicionado en alguna medida el trabajo de Alonso, como podemos leer en los siguientes párrafos:

---

[14] Amado Alonso, *Estudios lingüísticos. Temas españoles* (2da edición; Madrid: Editorial Gredos, 1961) pág. 12.
[15] Carilla, Op. cit., 374.
[16] Ibid., 375.
[17] Ibid.
[18] Ibid., 376.
[19] Amado Alonso, *Estudios lingüísticos. Temas hispanoamericanos* (2da edición; Madrid: Ediorial Gredos, 1961), págs. 233, 235.

> En mi libro sobre los caracteres generales del español de América, de que hablo en otro lugar de este volumen ('Orígenes del seseo americano'), detenido hace muchos años para hacer otros estudios sobre la pronunciación peninsular del siglo XVI, que ya veía de prioridad necesaria.[20]

Este mismo párrafo nos revela que su libro *De la pronunciación medieval a la moderna en español* (1955) era un trabajo básico, necesario para emprender investigaciones sobre el habla de América. Alonso declara en *Temas hispanoamericanos* (1953), que los estudios sobre la pronunciación Americana del siglo XVI fueron comenzados en 1937, y que entonces había redactado gran parte del estudio:

> Pero a cada paso me atascaba perplejo o me afligían dudas acerca de mis averiguaciones, todo por la misma causa: las noticias que teníamos de la pronunciación peninsular, en aquel siglo eran escasas y casi siempre imperfectas por falta de crítica de los indicios. Y así decidí dejar en suspenso mis estudios fonéticos hispanoamericanos hasta haber aclarado, en lo que en mi mano estuviera, la pronunciación peninsular.[21]

Las obras que Alonso dedicó al habla y a la literatura americana llegan a sesenta y siete, sin contar los manuales de gramática y ejercicios prácticos y otros trabajos que combinan el habla peninsular con el de América.

A continuación serán presentadas varias reseñas y artículos sobre el libro *Estudios lingüísticos. Temas españoles* (1951).

Nuevamente la extensión de intereses, demostrado por Alonso en los ensayos de este volumen, ha llamado la atención del crítico R. M. Duncan. Pero lo que más parece sorprenderle es la comprensión de Alonso en todas las fases del análisis lingüístico practicado hoy día.[22] Dice él mismo, que este libro es otro ejemplo brillante de lo que puede esperarse cuando una vasta erudición literaria es combinada con un penetrante análisis del fenómeno lingüístico.[23]

El crítico Entwistle cree que entre los artículos reimpresos, hay algunos de los más estimulantes que Alonso ha escrito,[24] y por tanto revisten gran valor para los estudiosos.[25]

La opinion del Sr. Roggiano, que los trabajos reunidos en este libro, trabajos de diversas épocas y de temas tan dispares son un verdadero acierto, está en desacuerdo con la del Sr. Wartburg.[26] Éste cree, en cambio, que el haber incluído ensayos de diferentes períodos de la actividad de Alonso, es más bien una desventaja, porque no todos los ensayos tienen la misma importancia.[27] Él se pregunta por ejemplo si había sido necesario volver a publicar el primer ensayo del volumen 'La subagrupación románica del catalán' (1926), porque según él, este trabajo está muy limitado por las circunstancias (la polémica con M. Lübke) en que fue escrito.

---

[20] Ibid., nota al pie pág. 14.
[21] Ibid., 111.
[22] Duncan, Op. cit., 182.
[23] Ibid., 181.
[24] William J. Entwistle, reseña sobre *Estudios lingüísticos. Temas españoles* de Amado Alonso, *Modern Language Review*, vol. XLVII (1952), pág. 595.
[25] Nélida H. Espinosa, reseña sobre *Estudios lingüísticos. Temas españoles* de Amado Alonso, *Filología*, III, 1951, pág. 221..
[26] Roggiano, Op. cit., 362.
[27] Walter von Wartburg, reseña sobre *Estudios lingüísticos. Temas españoles* de Amado Alonso, *Zeitschrift für Romanische Philologie*, LXX, 1954, pág. 423.

Además, hace notar que las partes de controversia de esta publicación de Alonso, ya habían sido tratadas satisfactoriamente por otros investigadores, y piensa que hoy día casi nadie tomaría el trabajo de Alonso como punto de partida para nuevas investigaciones sobre el problema en cuestión.[28] Para Wartburg, el valor de este ensayo reside mayormente en haber contradicho a la teoría de Meyer-Lübke y también por haber expuesto las deficiencias del método de investigación de Griera.[29]

Unas líneas de Alonso mismo, escritas en 1951, pueden contestar a las reparaciones de Wartburg:

> Entonces como ahora creía y creo que el error de Meyer-Lübke fue de método y de principio; mi crítica de por menor es válida en cuanto muestra como el error básico deforma la realidad histórico-geográfica en cada uno de los materiales escogidos por representantes.[30]

En el siguiente ejemplo también podemos ver que Alonso se preocupaba mucho por asentar métodos válidos para la investigación. Escribe:

> Primordialmente he pretendido dos cosas: [1], exponer el grado de intervención que la geografía léxica debe tener en la comparatística, junto con las garantías que en tales trabajos debemos exigir, y [2], convencer absolutamente al lector de que el problema del galorromanismo o iberorromanismo del catalán nos ofrece un campo de actividades virtualmente virgen....[31]

Alonso como vemos lo ha publicado por su valor de método. El énfasis que le da a la metodología debilita considerablemente la crítica de Wartburg.

Sobre este mismo ensayo, Cortés observa que 'el difícil problema del carácter del catalán queda planteado sobre bases firmes y lo fue por un joven filólogo, casi estudiante aún.'[32]

Fuera de la precisión y de la penetración de este ensayo, destacado por N. Espinosa,[33] Entwistle cree que los hallazgos de Alonso sobre el catalán en este ensayo permanecen válidos.[34]

Otro punto de vista nos es dado por el crítico Roggiano, quien opina que lo más transcendente de este ensayo es el haber destacado 'una actitud clara y definitoria, que sea—y lo ha sido en alto grado—un nuevo camino en estos estudios.'[35] A la vez nos aclara que el debatido problema de la subagrupación románica del catalán no está aún resuelto. Además, 'que es éste el trabajo que consagra definitivamente al joven discípulo de Menéndez Pidal, tanto por la asombrosa erudición que exhibe, como por su rigor de método y la aguda inteligencia.'[36]

---

[28] Ibid, 424.
[29] Ibid.
[30] Alonso, Temas españoles, Op. cit, 54.
[31] Ibid., 83.
[32] Muñoz Cortés, Op. cit., 54.
[33] Espinosa, Op. cit., 218.
[34] Entwistle, Op. cit.
[35] Roggiano, Op. cit., 363.
[36] Ibid., 362.

El segundo ensayo de este libro es 'Partición de las lenguas románicas de occidente' (1943). Dice Duncan que tal vez en ningún otro trabajo, Alonso se muestra tan digno de ser discípulo de Menéndez Pidal, como en la exposición de este ensayo que es 'tan simple como ingeniosa.'[37] Wartburg está de acuerdo con Alonso en la teoría principal. Se aparta del filólogo español en las razones subsidiarias del tema, en la extensión de la influencia del sustrato gálico para el norte de Francia y en atribuír una temprana y más fuerte latinización para el sur de Francia. Según Wartburg, las afirmaciones de Alonso no tienen fundamento substancial.[38]

B. Terracini comenta sobre este artículo de Alonso:

> El criterio de Alonso empleado para la partición de las lenguas románicas de Occidente, no sólo es notable porque afianzan en su conjunto los resultados que otros romanistas han conseguido y que no hemos de discutir aquí, sino también por la perspicacia y claridad metódica y por las nuevas perspectivas y sugestiones que Alonso introduce en este problema, tan viejo como la filología románica.... Alonso tuvo siempre el afán de ver las cosas con la mayor claridad posible.... Lejos de estar atrasada, la posición de Alonso se distingue de la de otros filólogos por la manera tan nítida como enfoca históricamente el problema.[39]

Ya mencionado arriba por algunos críticos (Roggiano y Terracini) es la cuestión de método. Roggiano, al ver en su conjunto los ensayos de este libro, observa:

> Nos permite destacar, pues, el aspecto más específicamente doctrinario, que es el que da a Amado Alonso su certera ubicación en cada uno de los problemas que trata y su jerarquía de maestro en la aplicación de métodos y en la determinación de rumbos avizores.[40]

N. Espinosa expresa la razón por haberse detenido a reseñar los trabajos conocidos de Alonso: 'sobre todo para hacer resaltar la excelente lección de método y postura científica de que Amado Alonso ha dejado ejemplo ininterrumpido.'[41] Ha sido observado por el Sr. Cortés que Alonso en cada trabajo tenía la preocupación de fundar teóricamente los resultados de su investigación.[42]

Sobre el séptimo artículo de este libro 'Una ley fonológica del español' (1945) han hecho observaciones los señores Duncan, Cortés y Wartburg. Duncan nos advierte que en este ensayo la aplicación de la nueva fonología a la lengua española constituye una presentación relativamente fácil de la ciencia a los filólogos españoles. Wartburg y Cortés incluyen observaciones sobre dos artículos más del mismo tema 'Nota sobre una ley fonológica del español.' (1947) y 'La identidad del fonema' (1944). Para el primero de estos críticos, los tres artículos están escritos con maestría superior.[43] Y para el segundo de estos críticos las doctrinas fonológicas contienen una aplicación aguda al español.[44]

---

37 Duncan, Op. cit., 183.
38 Wartburg, Op. cit.
39 Benvenuto Terracini, 'Parentesco lingüístico. Contribución a la historia de un concepto,' *Nueva Revista de Filología Hispánica*, VII (1953), págs. 23, 24.
40 Roggiano, Op. cit.
41 Espinosa, Op. cit., 221.
42 Muñoz Cortés, Op. cit., 55.
43 Wartburg, Op. cit., 425.
44 Muñoz Cortés, Op. cit.

El último ensayo reseñado de este libro es el décimo, 'Substratum y superstratum' (1941). En este ensayo, Duncan una vez más ve el amplio interés de Alonso en la lengua. Nota que las observaciones de Alonso tienden a clarificar el tema, indicando las direcciones allí donde son necesarias más investigaciones. Repara a Alonso el no haber llamado la atención a la facilidad con que a menudo uno puede reconocer la influencia fonética del superstrato. Es un factor, dice Duncan, que debe ser considerado al estimar la importancia y la extensión de la influencia del substrato.[45]

Antes de dar comienzo a las reseñas sobre estilística y literatura, quisiera aclarar que en un principio, me había propuesto estudiar únicamente los trabajos de Alnso concernientes a la lingüística, pero pronto me di cuenta de que no sería posible, porque como ya he indicado en el capítulo anterior, la obra de Alonso no está compartamentalizada en lingüística y en literatura, sino que ambas disciplinas alternan frecuentemente en un mismo estudio. Sin embargo, dada la extensión de la obra total de Alonso, me he limitado a estudiar algunas obras literarias y estilísticas.

Para iniciar la crítica sobre los trabajos literarios y estilísticos de Alonso, citaré un párrafo del Sr. Roggiano, quien describe la importancia de Alonso en este campo:

> Nadie ha influído tanto como Amado Alonso en un determinado sector de la investigación filológico-lingüística y en los estudios de Estilística y Crítica literaria de esta parte del mundo hispánico...la razón ha de buscarse no sólo en la calidad de sus propias investigaciones, sino, y muy especialmente, en la orientación teórica que supo darle.[46]

Es conocido en el campo literario que Alonso es uno de los que más ha hecho por difundir la estilística en el mundo hispánico.[47] Pierre Guiraud, en su libro *La Stylistique*, afirma que 'entre los jefes de primera línea de este grupo [escuela estilística idealista] hay que conceder un lugar particular a Dámaso Alonso y Amado Alonso, así como a Spoerri y Hatzfeld.'[48]

Otra opinión sobre este aspecto de la obra de Alonso nos la da Clavería. Éste señala que en los estudios literarios de Alonso 'la interpretación y la estilística de los textos adquiere un nivel y uno de los resultados rara vez alcanzados en ninguna literatura por investigadores internacionales.'[49]

Alonso, en la traducción de la obra básica de F. de Saussure, *Curso de lingüística general* (1945), introdujo a la lingüística española dos términos, o mejor dicho dos conceptos especializados del autor ginebrino, 'habla' para *parole* y 'lengua' para *langue*. Lengua es el sistema, el conjunto de material y su funcionamiento en el lenguaje.[50] Habla es el lado individual y ejecutivo del lenguaje.[51]

---

45  Duncan, Op. cit., 185.
46  Roggiano, Op. cit., 362.
47  Carilla, Op. cit., 372.
48  Pierre Guiraud, *La estilística*, traducción del francés por Marta G. de Torres Agüero (2da edición; Argentina: Editorial Nova, 1960), pág. 89.
49  Clavería, Op. cit.
50  Amado Alonso, *Materia y forma en poesía* (2da edición; Madrid: Editorial Gredos, 1960), nota al pie pág. 75.
51  Ibid.

CAPÍTULO III: CRÍTICA DE SU OBRA   33

Estos dos términos son ahora los aceptados para los equivalentes del francés y para su uso en la lingüística.

Alonso, con la ayuda de estos conceptos, ha desarrollado importantes contribuciones a la estilística, tal como las áreas que precisan estudiarse, y ha apuntado métodos de estudio. Las consideraciones de lengua y habla en el estudio del idioma general han sido aplicadas por Alonso a la estilística, creando así una estilística de la lengua y otra estilística del habla. Alonso ha entendido por estilística de la lengua el estudio de los elementos afectivos del lenguaje convencional de una comunidad, no la significación lógica del lenguaje, sino los valores en el lenguaje común, el estudio de los contenidos psíquicos de las formas comunales, siempre que sean indicadas o sugeridas, no cuando son objeto intencional de la significación.[52] La estilística del habla estudia las peculiaridades idiomáticas de un autor.[53]

Ambas estilísticas han sido cultivadas por Alonso, y a ellas daremos sucesivamente nuestra atención.

Los trabajos de que trataremos a continuación y que pertenecen a la estilística de la lengua son:

1. 'Estilística y gramática del artículo en español' (1933)
2. 'Noción, emoción, acción y fantasía en los diminutivos' (1935)
3. 'Sobre métodos: construcciones con verbos de movimiento en español' (1939)

Éstos se encuentran ahora en *Estudios lingüísticos. Temas españoles*. Cortés observa que en cada uno de estos trabajos Alonso considera el funcionamiento total del lenguaje, 'tanto en su raíz intelectual como en lo extra-intelectual...aplicando métodos lingüísticos a una intuición literaria extraordinaria.'[54]

Igualmente generoso es el Sr. Duncan, quien piensa que estos trabajos muestran más claramente que los otros del citado volumen 'un punto de vista verdaderamente independiente, donde su imaginación ha tenido la oportunidad de desarrollar completamente.'[55] Indica, además, que el primer artículo, el de estilística y gramática del artículo, tal vez contenga mucho detalle para el lector general, pero sin este detalle, tendrían menos autoridad las afirmaciones de Alonso.[56]

Para Entwistle el tercer artículo, sobre verbos de movimiento, es el más valioso. Observa que tenemos en él una lección de gran valor semántico. La excelencia incluye el tener en forma conveniente una doctrina fundamental con aplicación de ejemplos.[57]

El primero y el segundo de los artículos en discusión son para Lapesa dos estudios insuperables.[58]

---

[52] Ibid., 75, 76.
[53] Ibid., 81.
[54] Muñoz Cortés, Op. cit., 55, 56.
[55] Duncan, Op. cit., 183. La cita fue traducida por mí.
[56] Ibid., 184.
[57] Entwistle, Op. cit.
[58] Rafael Lapesa, 'Adamo Alonso,' *Hispania*, XXXVI (1953), núm. 1, pág. 146. La traducción de la cita es mía.

Las observaciones del Sr. Wartburg conciernen al segundo de los artículos. Apunta: 'Nos muestra aquí uno de los análisis más sutiles.' También tiene un reparo para Alonso. Cree que las investigaciones anteriores sobre los diminutivos del latín antiguo, y que Alonso acepta y ha usado en este trabajo, no resuelven la pregunta del origen de la forma de los diminutivos: 'uno no siempre puede decir que clase de idea estaba relacionada con el comienzo de una evolución de significación sutil.'[59]

Entre la lingüística del habla se sitúan también las traducciones hechas por Alonso de Saussure, Bally, Vossler y otros más. Gili Gaya nos llama la atención al hecho de que con estas traducciones Alonso ha abierto el camino de la estilística científica, a la vez que con sus aportaciones originales;[60] idea compartida por Carilla.[61]

Rosenblat ha señalado que para renovar las concepciones de su tiempo y para aplicar los nuevos métodos a la forma superior de expresión lingüística, Alonso había iniciado la *Colección de Estudios Estilísticos.*[62] Esta colección contiene estudios sobre la estilística de la lengua tanto como los de la expresión artística. Sobre esta misma colección nos dice Cortés que 'la proyección de un género o de una época son examinados con una fina precisión de historiador de la literatura, así en su estudio sobre *La novela histórica*, o sobre *El modernismo* en 'La gloria de don Ramiro.'[63]

Las obras de estilística del habla son estudios sobre figuras artísticas españolas y americanas. Observa Cortés: 'Amado Alonso tenía peculiar fuerza de penetración en el arte del escritor estudiado, así lo mismo en el caso de Lope...o en sus artículos sobre Guillén...o sobre escritores contemporáneos argentinos.'[64] Sobre el estudio de las Sonatas de Valle-Inclán, Cortés destaca que por primera vez 'un autor contemporáneo fue estudiado con métodos estilísticos.'[65]

Según Lapesa, las obras de Alonso son,

> jalones decisivos en la investigación lingüística o en el amoroso entendimiento de la literatura.... Así los primores de ritmo y adjetivación en las *Sonatas* de Valle-Inclán o en el esencialismo de Guillén, recibían interpretaciones tan clarividentes como las preferencias mentales de los guachos.[66]

Clarifica igualmente que la literatura hispánica ganó con Alonso mejor comprensión de muchas figuras y creaciones y que 'el expresionismo representado por Neruda le dió motivo para uno de los libros que calan más hondo en la esencia de la poesía actual, tal como se manifiesta en una de sus corrientes más universales.'[67]

---

59 Wartburg, Op. cit.
60 Samuel Gili Gaya, *Diccionario de literatura española*, directores Germán Bleiberg y Julián Marías (3ra edición corregida; Madrid: Revista de Occidente, 1964), pág. 24.
61 Carilla, Op. cit.
62 Rosenblat, Op. cit., 67.
63 Muñoz Cortés, Op. cit., 56.
64 Ibid., 55, 56.
65 Ibid., 53.
66 Lapesa, Op. cit., 145.
67 Ibid., 145, 146.

Para Carilla, la culminación de los estudios estilísticos son los trabajos sobre *Don Segundo Sombra* de Ricardo Güiraldes, *La gloria de don Ramiro* de Enrique Larreta y el libro sobre la poesía hermética de Pablo Neruda.[68]

Sin duda, ha tenico gran importancia el estudio de Alonso sobre Neruda. Rosenblat ha percibido que,

> La interpretación de la poesía de Neruda además de iniciar caminos nuevos, además de su extraordinario valor filológico y crítico, tiene un valor humano.... Alonso descubría siempre aspectos nuevos en un afán constante de perfeccionamiento.... Alonso se entregó a estudiar a un poeta de América muy discutido.[69]

Roggiano también expresa esta misma idea, pero de diferente manera: 'y da todo su prestigio a la creación concreta de los artistas.'[70]

Junto con Carilla, Ordoñez cree que las páginas sobre los escritores americanos como Neruda, Larreta, sobre la literatura gauchesca y otros más, son críticas ejempares y de fina penetración estilística.[71]

Roggiano, alumno de Alonso, recuerda que en Buenos Aires, y en más de una ocasión, su maestro se quejaba del estado lamentable de la crítica en nuestra lengua, la que se debía a la falta de una sólida formación en dos disciplinas, que Alonso unía en una sola: la Poética y la Estilística.[72] Y efectivamente Alonso tenía entre sus proyectos futuros una Poética.[73]

El ideal de Alonso en esta investigación estilística ha sido señalado por Ordóñez:

> La fina penetración del estilista en el tema rural y su comprensión afectuosa de los problemas sociales que con tanta fuerza inciden sobre la literatura de América, aunque siempre en defensa de lo auténticamente artístico, de lo que permanece como conquista del hombre por debajo de las modas.[74]

Carilla apunta que: 'sería ingratitud no recordar que durante mucho tiempo, las páginas de Alonso fueron prácticamente las únicas en español que nos dieron visión clara de esta disciplina.[75]

Las reseñas presentadas a continuación sobre el libro póstumo de Alonso *De la pronunciación medieval a la moderna en español* (1955), volumen primero, concluirán este estudio de la acogida de la obra de Alonso por la crítica.

---

[68] Carilla, Op. cit.
[69] Rosenblat, Op. cit., 68, 69.
[70] Roggiano, Op. cit., 364.
[71] Enrique Carrión Ordóñez, reseña sobre *Estudios lingüísticos. Temas hispanoamericanos* de Amado Alonso, *Boletín del Instituto Riva Agüero*, 1953–1955, núm. 2, págs. 248, 250.
[72] Roggiano, Op. cit.
[73] Rafel Lapesa, 'Su última lección,' *Clavileño*, mayo-junio (1952), Año III, núm. 15, pág. 52.
[74] Carrión Ordóñez, Op. cit., 250.
[75] Carilla, Op. cit., 372.

Muchos críticos han estimado altamente esta obra. Canfield valora el detalle y la minuciosidad de los datos. Una vez completos los tres tomos que se tienen planeados, según este crítico, será de gran valor esta obra como historia de la pronunciación de la lengua castellana.[76]

Kiddle estima la claridad, la precisión, los resúmenes cuidadosos y la vista panorámica, dadas por Alonso en las páginas 362 a 405 de este libro.[77] Este mismo es un avance tremendo en el campo de la historia fonológica del español. Esta obra es superior a sus predecesoras porque en ella se juntan más datos, y se analiza con más escrutinio los materiales de estudio. También, por su familiaridad con el sistema moderno de estructura lingüística, él podía ver desarrollos fonológicos relacionados donde otros veían fenómenos aislados.[78]

Según Lorenzo, es la obra más compacta y considerable que salió de su intensa dedicación a los problemas de la lengua. Esta obra hace posible que ahora la historia de nuestra lengua, tan incompleta en algunos aspectos, reciba el más sólido fundamento y explicación de su evolución fonética. Cree, además, que la obra, de tan amplia documentación, está interpretada magistralmente;[79] crítica compartida por R. Lapesa.[80]

Las alabanzas al libro continúan con Malkiel, Prieto, Sturcken, D. Alonso y Araya. Una de las más destacadas es la de Prieto, para quien, esta obra es la corona de las investigaciones de Alonso sobre fonética y fonología históricas del español. 'Es un libro fundamental e indispensable,...no dejando nada que desear, ni a los teóricos más cuidadoso y rigurosos.'[81] Sturcken y D. Alonso dicen esencialmente lo mismo.[82]

Araya caracteriza las cualidades principales del libro como claridad, erudición, crítica acuciosa y alegría de trabajar.[83]

La consciente y la sólida investigación de Alonso es evidente en toda la obra, según Malkiel. Es además la 'magnum opus' de todos los trabajos del distinguido filólogo.[84]

Muchos comentarios de estos críticos han sido dirigidos al método y a la técnica usada por Alonso. Dice D. Alonso: 'el libro inédito sobrepasa en técnica a todo lo anterior: era la madurez de un gran sabio.'[85] Según Cortés, 'supera [Alonso] en método y material los clásicos estudios de Ford, Tallgren, etc.'[86]

---

[76] D.L. Canfield, reseña sobre *De la pronunciación medieval a la moderna en español* tomo I de Amado Alonso, *Hispania*, XXXIII (1955), págs. 375, 377.

[77] L.B. Kiddle, reseña sobre *De la pronunciación medieval a la moderna en español* tomo I de Amado Alonso, *Hispanic Review*, XXVI (1958), pág. 353.

[78] Ibid., 352.

[79] Emilio Lorenzo, reseña sobre *De la pronunciación medieval a la moderna en español* tomo I de Amado Alonso, *Arbor*, XXX (1955), pág. 635.

[80] Lapesa, *Hispania*, Op. cit., 146.

[81] L.J. Prieto, reseña sobre *De la pronunciación medieval a la moderna en español* tomo I de Amado Alonso, *Word*, XIV (1958), pág. 393. La traducción del francés es mía.

[82] Tracy H. Sturcken, reseña sobre *De la pronunciación medieval a la moderna en español* tomo I de Amado Alonso, *Books Abroad*, XXXI (1957), pág. 358.
Dámaso Alonso, 'Amado Alonso ante la muerte,' *Ínsula*, VII (1952), núm. 78, pág. 1.

[83] Guillermo Araya, reseña sobre *De la pronunciación medieval a la moderna en español* tomo I de Amado Alonso, *Anales de la Universidad de Chile*, vol. 104 (1956), núm. 3, pág. 264

[84] Yakov Malkiel, reseña sobre *De la pronunciación medieval a la moderna en español* tomo I de Amado Alonso, *Romance Philology*, IX (1955–1956), pág. 244.

[85] D. Alonso, Op. cit.

[86] Muñoz Cortés, Op. cit.,55.

Lorenzo, Kiddle, Strucken, Prieto y Araya sintetizan el procedimiento de Alonso en su estudio: introducir primeramente el problema con perspectiva crítica, analizar los trabajos de otros investigadores, luego establecer la naturaleza fonética del sonido estudiado, presentando una ingente suma de datos extraídos de textos innumerables, mayormente descripciones de estos sonidos por los gramáticos del siglo de oro, luego viene el proceso de ordenación y la interpretación de los hechos estudiados.[87] Dice Malkiel: 'Por todo el libro uno encuentra evaluaciones finas y sutiles sobre afirmaciones falsas y verdaderas de gramáticos.'[88]

La forma 'arquitectónica,' es decir el formato del libro, no le parece un acierto a Malkiel, principalmente por las largas citas y los testimonios que Alonso trae al caso.[89]

En cambio, para Araya lo más importante del trabajo y lo más delicado consiste en la depuración de las noticias y en la interpretación de los hechos, muchas veces contradictorios o descritos en base de simples impresiones carentes de vigor, aunque todo el estudio es moroso y detallado.[90]

Malkiel es el crítico que ha analizando más a fondo el procedimiento de Alonso. Destaca para el lector que Alonso incluso había estudiado antiguas doctrinas latinas y escritos transmitidos a los hebreos masoréticos, para adquirir especial competencia en la interpretación lingüística de tan variadas afirmaciones que analizaba.[91]

Duncan ha hecho observaciones importantes sobre Alonso y su dominio de la lengua española:

> Alonso podía acercarse a la sintaxis española como si fuese un extranjero, que había aprendido la lengua a fondo, y podía hacer comparaciones con cualquier otra lengua conocida íntimamente. Esta clase de objectividad es necesaria, primero porque gramáticos españoles siguieron a los latinos servilmente, y segundo porque la actitud de extranjero ofrece preguntas diferentes sobre el uso de la lengua, que a una persona nativa parecen demasiado claras para ser atendidas.[92]

A Malkiel le parece que la densa documentación de Alonso es en parte exagerada, especialmente donde no hay muchos conflictos de opiniones.[93] Araya contesta a este punto: 'La abundancia de citas produce la seguridad de que ni una sola noticia importante ha sido excluída.'[94]

---

[87] Lorenzo, Op. cit., 635, 636.
  Kiddle, Op. cit., 349, 350.
  Sturcken, Op. cit.
  Prieto, Op. cit., 392.
  Araya, Op. cit., 263.
[88] Malkiel, Op. cit., 240. La cita fue traducida por mí.
[89] Ibid., 244.
[90] Araya, Op. cit.
[91] Malkiel, Op. cit., 239.
[92] Duncal, Op. cit., 183. La traducción de la cita es mía.
[93] Malkiel, Op. cit., 239, 244.
[94] Araya, Op. cit.

Malkiel opina también que el deber secundario de escudriñar datos del inmenso material usado ha usurpado en la fase final de la obra una parte desproporcionada de la atención del autor, con el resultado de haber excluído a otros tipos de atestiguaciones como por ejemplo el mantenimento del contraste entre la [b] y la [v] en las palabras españolas incorporadas por lenguas indias en América.[95]

Este último punto ha causado más objeciones por otros crítcos. Canfield espera que los abundantes testimonios de unos cincuenta autores que registraron equivalencias con los sonidos de lenguas americanas, y que él conoce, se incluyan en los próximos volúmenes.[96] Kiddle también reclama el hecho de que Alonso no ha hecho uso de esta fuente de información.[97] Sólo Alonso mismo podría responder a tales reparos, pero podría ser que Alonso hubiese tenido razones paralelas a las citadas en *Estudios lingüsticos. Temas hispanoamericanos*, donde el autor declara que quería clarificar primeramente problemas concernientes a la pronunciación peninsular, antes de continuar estudiando la americana.[98]

Malkiel continúa destacando que Alonso ha preferido usar en esta obra el método geográfico y el histórico, en contraste con la técnica fonemática. Observa que el análisis estructural fonético de Alonso es de menor atrevimiento.[99]

Nota que Alonso se refrenó de explotar dos avenidas de estudio muy usadas en fonemática diacrónica: la estimación cuantitativa de la oposición en palabras (como las que comienzan con [ç] en contraste con [z] por ejemplo) y la experimentación con el orden 'case vide.'[100]

Malkiel observa que Alonso 'como estructuralista, formó con Van Wijk la retaguardia de los investigadores europeos, quienes relacionaron el funcionamiento de los varios patrones fonemáticos con actos conscientes.'[101]

La falta de términos técnicos, pertenecientes a una determinada escuela lingüística, está a favor de la obra, según ha indicado Prieto, porque así 'los lingüistas que no estén al corriente de las últimas teorías no se sentirán incómodos al leer este libro.' Pero, en cambio, parece que falta al libro una dosis de funcionalismo.[102] La crítica de Prieto parece muy irónica, especialmente con los lingüistas en general.

Prieto dice que los lingüistas, que siguieron de cerca la evolución de las teorías lingüísticas al finalizar la última Guerra mundial, no estarían de acuerdo con la afirmación de Alonso con respecto a la confusión de dos fonemas y cita el siguiente pasaje de Alonso en la página 390 del

---

95 Malkiel, Op. cit., 239.
96 Canfield, Op. cit., 376.
97 Kiddle, Op. cit., 350.
98 Amado Alonso, *Estudios lingüísticos. Temas hispanoamericanos* (2da edición; Madrid: Editorial Gredos, 1961), pág. 111.
99 Malkiel, Op. cit., 242, 246. Análisis estructural 'structural linguistics is the linguistic study in which each language is viewed as a coherent, homogeneous entity, with inter-relation of pattern and changes.' Mario Pei, *Glossary of linguistic terminology*. (New York: Columbia University Press, 1966), pág. 262.
100 Ibid., 246. 'Cases vides=holes in the pattern=non-symmetrical features in a phonemic pattern (if the phonemic pattern of a language includes p, t, k, b, d, but not g, there is a hole in the pattern); the presence of gaps in one or more series of a phonemic paradigm (Martinet).' Mario Pei, Op. cit., 115.
101 Ibid.
102 Prieto, Op. cit., 392, 393.

CAPÍTULO III: CRÍTICA DE SU OBRA    39

libro: 'Fue la evolución fonética, con su desgaste de las articulaciones la que sin duda puso en crisis la conciencia fonemática y la voluntad de distinguir....'[103] Prieto no pone en claro si esos lingüistas que menciona se han mantenido al día sobre la evolución de las teorías lingüísticas.

Igualmente este crítico ataca la posición de Alonso, quien dice que los cambios fonéticos ocurren en cada idioma conforme a su propia tradición, conforme a gustos y preferencias colectivas y perdurables (p. 19 del libro tratado).[104] Prieto se refiere a las páginas donde Alonso está criticando la posición de la escuela naturalista, que cree que el hablar de las personas cultas es artificial, y que el hablar de los ignorantes es el natural, que el lenguaje inculto es inconsciente, mecánico y sin propósito, en oposición al lenguaje culto que es alerta, consciente, gobernado con visibles propósitos y que la multitud de incultos es la que impone los cambios lingüísticos, etc. La posición de Alonso, que ha sido llamada idealista, va a ser tratada en la segunda parte de este estudio. Su posición es simplemente otro modo de enfocar el conocimiento de la lengua. Encuentro la reseña de Prieto poco constructiva; él mismo puede ser criticado por las premisas en que se apoya.

Prieto también objeta a las nociones como el 'gusto colectivo o preferencias colectivas,' porque dice que son poco suceptibles para el uso científico de la lengua y critica a Alonso por no haber usado el método puramente fonológico y fonético en su estudio. Piensa que Alonso puede ser criticado únicamente en pasajes donde trata de extraer las causas del cambio fonético.[105]

Por lo demás dice que estas debilidades son pasajes secundarios, que se encuentran al margen del sujeto principal, y por lo tanto el valor del libro no disminuye.[106]

El libro reseñado contiene tres capítulos y un apéndice, el primero está dedicado a la *b* y a la *v*, el segundo a la *d*, el tercero a la *c* y *z* y el apéndice es la reconstrucción panorámica de éste último.

Canfield opina que el primer capítulo sirve admirablemente de introducción al asunto básico que se estudia: el ablandamiento del consonantismo español en el siglo de oro. Y cree que una de las contribuciones más importantes en la reconstrucción panorámica es la atención que Alonso dedicó a la evidencia de un temprano valor ciceante para las sibilantes [ç] y [z], porque 'reconocer este tipo de sibilante como variante en la continuidad española desvanece muchos problemas de interpetación de equiparaciones antiguas....'[107] Sin embargo no está de acuerdo con Alonso sobre el valor africado de [ç] y [z] para el año 1492, cree más bien que ya entonces tenían un valor fricativo.[108]

Para Malkiel el tercer capítulo es el más ambicioso de todos, aunque contenga citas innecesariamente largas, aptas para ser criticadas.[109] Las primeras líneas de introducción a este capítulo, dice que están brillantemente expresadas. Le parece que las páginas 361 a 450 marcan el

---
[103] Ibid., 392.
[104] Ibid.
[105] Ibid., 392, 393.
[106] Ibid., 393.
[107] Canfield, Op. cit.
[108] Ibid., 377.
[109] Malkiel, Op. cit., 243.

coronamiento de la obra; punto de vista que comparte con Araya.[110] Alonso aquí vuelve a la discusión lingüística directa, sin digresiones, y elevada a un nivel de alta abstracción. Malkiel dice: 'Gracias a la lúcida presentación y a la disposición de evidencias, que la parte central de la teoría de Alonso no es difícil de penetrar.'[111] Observa también que nueva luz es echada sobre el controversial análisis de [ts] y [dz] como fonemas que se unen o como una combinación de un grupo homorgánico.[112]

Malkiel hace resaltar que en el libro ha encontrado varias observaciones de utilidad potencial a los dialectologistas franceses e italianos.[113]

D. Alonso y Malkiel hacen mención de la prosa elegante y fluente que se encuentra en la obra de Alonso. Dice D. Alonso:

> Había sabido...adelgazar y castigar su estilo de tal modo, que lo mismo en los estudios literarios que en los lingüísticos había llegado a esa maestría que ya no descubre falla, se diría que meta imaginable en la carrera de un arte humano.[114]

Dos críticos – Canfield y Malkiel – han destacado que la obra en cuestión no es del todo definitiva porque ha dejado algunos puntos sin contestar o sin resolver. Canfield dice que Alonso no contestó a la pregunta de '¿Cómo era el sonido igualado en ç – z?' Solamente dió escasa información sobre el asunto, dejando al lector sin una respuesta concluyente.[115] Malkiel lamenta que la pregunta obvia sobre la fuerza específica que debe haber causado el cambio del proceso – la pérdida del segmento oclusivo de la fricativa en [ç] y [z] – haya quedado sin contestar.[116]

En el comienzo del libro se había anunciado que todas las citas en idiomas extranjeros serían traducidas al español. Malkiel ha encontrado unas cuantas excepciones, que seguramente deben haber sido un descuido por parte de Lapesa. La traducción de las citas dadas, dice Malkiel, es una gran aportación en sí misma. Repara asimismo a Alonso que el lector frecuentemente tiene que atravesar quince a veinte páginas estériles para, al fin, recoger un nuevo dato, y cuando éste aparece, debería ir en letra que se destaque para reconocerlo y separarlo de lo no importante.[117]

Los críticos siguientes: Kiddle, Malkiel y Prieto han criticado el uso indiscriminado de Alonso entre barras paralelas (//) y corchetes ([ ]), el primero para la transcripción fonológica. Aunque hay pasajes que pueden entenderse claramente, debe respetarse el uso convencional para evitar confusiones.[118]

---

[110] Araya, Op. cit.
[111] Malkiel, Op. cit., 244.
[112] Ibid., 250.
[113] Ibid., 251.
[114] D. Alonso, Op. cit., y Malkiel, Op. cit., 239.
[115] Canfield, Op. cit., 376.
[116] Malkiel, Op. cit., 246.
[117] Ibid., 244.
[118] Kiddle, Op. cit., 352; Malkiel, Op. cit., 247; Prieto, Op. cit., 393.

Malkiel sugiere que el uso ambiguo de los símbolos compuestos en la transcripción fonética, algunos pasajes oscuros del libro, frases incómodas y complicadas deben ser revisadas por el editor para ediciones futuras.[119]

Mucho lamenta Prieto que en la página 389 del libro en cuestión Alonso haya usado la palabra 'signo' por la de 'fonema,' puesto que 'signo' en lingüística tiene su propia definición, que es distinta de la de fonema. Dice que este uso no puede justificarse de ningún modo porque le falta la tradición y porque crea serios conflictos.[120]

Kiddle y Malkiel también sugieren que, en la próxima reimpresión del libro se incluya una tabla fonética o una guía explicando los signos y palabras antiguas usadas y sus equivalentes. Por ejemplo hay una confusión considerable en la discusión de sonidos como ciceantes y ceceantes. Malkiel además desearía ver incluído en el tercer tomo una compilación y una esmerada guía sobre las estimaciones que Alonso hizo de los gramáticos del siglo de oro, españoles y extranjeros, junto con bosquejos biográficos de cada uno, porque cree que el conocimiento impartido por Alonso sobrepasa los límites estrechos que se estaba investigando, y serían de mucho beneficio para estudiantes futuros dedicados a investigaciones paralelas.[121]

Por último vamos a ver las observaciones del Sr. Canfield, a quien le parecen algo débiles los esfuerzos de Alonso en poner fricativas en boca de Arias Montano, Mateo Alemán y J. P. Bonet, tanto como interpretar la frase 'con violencia' como indicio de africada, aún cuando vaya acompañada de suave y sutil.[122] Malkiel, que hace una crítica tan detallada, parece aceptar las conclusiones de Alonso.[123]

Canfield cree que las valoraciones de Alonso a veces parecen pecar de subjetivas por el entusiasmo con que defiende algunos puntos de vista, pero que 'esto tal vez se explica en la crítica que se había propuesto dándole a cada autor el crédito que cree que merece.'[124] Esta crítica no me parece justa. El entusiasmo de Alonso nunca ha llegado a afectar sus investigaciones científicas. El ejemplo más prominente que puedo citar es la admiración que Alonso sentía por Vossler, pero cuando ha sido necesario en su investigación lo ha criticado, ver por ejemplo la página 230 de 'Lingüística espiritualista,' en *Síntesis*, I (1928), número 8, y la página 10 de la introducción al libro de Vossler *Filosofía del lenguaje*, tercera edición, Buenos Aires: Editorial Losada, S. A., 1957.

A veces, dice Canfield, hay rodeos en la obra de Alonso, tal vez debido al entusiasmo. El valor de [ç], que R. J. Cuervo describe como *s* enfática, Alonso la reproduce como una enfática de tipo semítico, y le parece apenas creíble idea, a pesar de que Nebrija, Alcalá y otros escri-

---

[119] Malkiel, Op. cit., 249.
[120] Prieto, Op. cit.
[121] Kiddle, Op. cit., 353; Malkiel, Op. Cit., 240, 241.
[122] Canfield, Op. cit., 377.
[123] Malkiel, Op. cit., 238. 'Concomitantly, he [A. Alonso] tried to acquire special competence in interpreting linguistic pronouncements of the pioneering era, especially ambiguous where the articulation of foreign and even native sounds was involved: a bilingual but untrained observer of the statue of Juan de Miranda, for example, confused the categories of lengthening and voicing of consonants ... The descriptions of *z* by Benito Ruiz (1587) and of *ç* by Mateo Alemán (1609) were downright misleading.
[124] Canfield, Op. cit.

tores dieron a Cuervo esta idea. Concluye diciendo que estas críticas no quitarán mucho de la obra como conjunto, porque es el resultado de muchos años de estudio y de investigación, y representa un porama muy vasto en la evolución del español hablado.[125]

Los reparos hechos a Alonso sobre citas no traducidas, sobre el uso ambiguo de la transcripción fonética y fonológica, frases incómodas, oscuras, etc., requieren una aclaración. Alonso ha sido siempre muy escrupuloso en su trabajo. Al ojear por ejemplo uno de los últimos libros que él mandó a la casa impresora, *Estudios lingüísticos. Temas españoles*, segunda edición, Madrid: Editorial Gredos, 1961, uno puede ver que en la página 10 hay una pequeña tabla explicando los signos fonéticos que serán usados en el libro. En la misma página hace hincapié en que estos signos son los usados por a *Revista de Filología Española* y por la *Revista de Filología Hispánica*, mostrando que respeta y que conoce las convenciones lingüísticas. Tanto en este libro como en el gemelo de *Temas hispanoamericanos* (1953), hallamos aclaraciones de naturaleza varia, aclaraciones de método, con numerosos resúmenes del tema estudiado, oraciones importantes en letra destacada y páginas que llevan sus conclusiones del asunto. Estos reparos en realidad, deben ser dirigidos a Rafael Lapesa, quien ha dispuesto y ultimado el libro para la imprenta. No es de extrañarse que Dámaso Alonso haya manifestado lástima de que este libro importante no haya podido recibir la última lima del autor.[126]

Este filólogo español de tanto talento y de intereses tan diversos ha recibido muchos elogios, tanto de sus colegas y discípulos como de sus maestros.

Malkiel, un colega de Alonso, en su reseña del comentado libro incluye una evaluación amplia de toda la actividad del autor.[127] Afirma que las cualidades principales de Alonso fueron una comprensión amplia de todas las manifestaciones del lenguaje y libertad de prejuicios doctrinales. Tenía un dominio práctico de todas las fases de su lengua nativa, así como una sólida comprensión teórica de ésta como sistema, o mejor dicho como una estructura, que contiene varios sistemas superpuestos, correspondientes a diferentes niveles. Al mismo tiempo dice que Alonso manejó el análisis histórico con marcada fineza, esto en cuanto a la reconstrucción del fluir de los hechos como en la intervención de fuertes personalidades. Su última meta, hablando filosóficamente, dice Malkiel:

> Seems to have been the delimitation of the realm in which the creative personality asserts itself, as against the probably wider, if to most humanists less attractive, domain of predetermined sequence of events.[128]

---

[125] Ibid., 376, 377.
[126] D. Alonso, Op. cit.
[127] Yakov Malkiel es un distinguido lingüista americano en los Estados Unidos. Se ha destacado principalmente por sus estudios de lexicología y semántica y de lingüística general, con particular interés en la lingüística histórica española. (Karl D. Uitti, 'Problems in Hispanic and Romance Linguistics,' *Hispanic Review*, vol. XXXIV (1966), no. 3, pág. 243). En este campo es quizá el lingüista norteamericano de más prestigio. Últimamente ha llamado la atención por su tendencia renovadora en la disciplina lingüística (Uitti, Ibid., 243, 244). Enseña actualmente en la Universidad de California en Berkeley, lugar donde reside. Es además editor de la respetada revista *Romance Philology*. Por intermedio de su fallecida esposa, Maria Rosa Lida, alumna de Amado Alonso en la Argentina, Malkiel ha tenido un contacto más directo con Alonso.
[128] Malkiel, Op. cit., 252.

Cree Malkiel que los logros de Alonso en esta avenida fueron desiguales: fue un fonetista de buenas bases, un logrado dialectólogo, un estilista de sensibilidad, un filólogo, en el sentido primordial de la palabra, con gusto hacia lo histórico. Dice que Alonso se sentía visiblemente incómodo en operaciones comparadas, que requieren una rápida orientación en una variedad de lenguas no relacionadas. Alonso no siempre estaba al día en sus ocasionales experimentos de análisis fonemático, que requieren una mente algebraica, y se encontraba casi perdido en sus pocas aventuras en el campo de lexicología, campo que no debe haber encontrado muy atractivo. Según este crítico, la nota del prefacio a este libro permanece como una llave valiosa a toda la obra de Alonso, y a la vez como un testamento a sus sucesores.[129]

Cortés sintetiza la actividad de Alonso así: 'fue maestro en todas las técnicas, dominó todos los senderos que llevan al conocimiento de la palabra, desde la experimentación fonética hasta la crítica literaria.'[130]

El legado dejado por Alonso para el futuro está expresado por Clavería:

> No es fácil que los estudios hispánicos vuelvan, en mucho tiempo, a contar entre sus cultivadores con un especialista de tanto rigor científico y de espíritu, tan abierto y constructivo como Amado Alonso. Generaciones futuras verán en su obra modelo de esfuerzo serio, guía luminosa de métodos y aciertos.[131]

El venerable Don Ramón Menéndez Pidal, profesor de Amado Alonso, ha expresado las siguientes ideas sobre su discípulo:

> La falta de Amado Alonso se sentirá gravemente en todos aquellos campos de la ciencia que él cultivaba con amplitud y profundidad, con valor creciente en cada nuevo estudio emprendido, siempre llevado por un espíritu renovador que jamás turbaba la firmeza de su razonamiento, se sentirá su falta sobre todo en el terreno del hispanismo, que el defendió dentro de los más austeros principios históricos y doctrinales, contra apasionadas corrientes adversas que operan sobre el suelo de la Península y sobre el de América.[132]

---

[129] Ibid.
[130] Muñoz Cortés, Op. cit., 54.
[131] Carlos Clavería, 'Amado Alonso,' *Clavileño*, mayo-junio (1952), Año III, núm. 15, pág. 51.
[132] Ramón Menéndez Pidal, 'Amado Alonso,' *Ínsula*, VII (1952), núm. 78, pág. 1.

SEGUNDA PARTE

# LAS IDEAS FILOLÓGICAS DE AMADO ALONSO

# *Capítulo IV: Evolución de la lingüística como ciencia y sus diferentes escuelas*

AMADO ALONSO, en varios estudios, ha tratado sobre la evolución de la lingüística. Le ha parecido conveniente darnos tal perspectiva no sólo para que el lector pueda comprender mejor sus evaluaciones sobre las aportaciones de Saussure, Bally y Vossler, sino también para indicarnos su propia dirección en esta ciencia.

El punto de partida para las consideraciones del erudito español es a principios del siglo XIX, cuando la lingüística nace como ciencia.[1] Ciencia en el sentido de perseguir el conocimiento sistemático.[2]

La lingüística comparatística comienza en el siglo XIX, con el descubrimiento del sánscrito, lengua más arcaica que el latín y el griego.[3] El ver cierta semejanza entre esta lengua y las clásicas estimuló a los filólogos a compararlas entre sí.[4]

La comparatística se había planteado como fin la tarea de establecer las series de correspondencias entre las lenguas parientes. Llegó a ser una ciencia desde el momento en que abandonó las comparaciones entre lenguas, para deducir parentescos a base de semejanzas entre las palabras. Buscó una serie de correspondencias sistemáticas, 'reguladas por el principio básico de que las correspondencias, por numerosas que sean, no alcanzan valor científico hasta que se han descubierto y fijado las reglas estrictas a que se someten.'[5] Como material de estudio habían preferido la conjugación, la declinación y los sufijos, y luego la fonética.

Alrededor de 1820 el alemán J. Grimm dió a conocer ciertas leyes que regulaban las lenguas, las cuales se conocen hoy con el nombre de Leyes de Grimm (Por ejemplo: a las consonantes oclusivas sordas del indoeurope p, t, k, corresponden respectivamente en germánico las fricativas f, χ (luego h) y en ciertas condiciones b, d, g fricativas (como las del español); a las oclusivas sonoras b, d, g, corresponden p, t, k;....)[6]

A pesar de que el establecimiento de leyes y correspondencias fueron una característica de la época, dice, Alonso que, el descubrimiento de Grimm ha tenido gran eficacia para los estudios lingüísticos, permitiendo establecer sobre base fija el parentesco de las lenguas, dando una norma segura para la etimología.[7] En la fonética, los lingüistas no sólo se habían contentado con establecer cuáles habían sido algunas etapas recorridas por un cambio, sino que habían exigido saber el cómo de cada una de las evoluciones cumplidas. 'De aquí nació en la segunda mitad del siglo la fonética experimental: la fisiología y la física de la palabra.'[8]

---

[1] Karl Vossler, *Filosofía del lenguaje*, traducción y notas de Amado Alonso y Raimundo Lida. Prólogo de Amado Alonso (3ra edición; Buenos Aires: Editorial Losada, S.A. (1957), pág. 7.
[2] Ibid., 16.
[3] Charles Bally, *El lenguaje y la vida*, traducción de Amado Alonso (4ta edición; Buenos Aires: Editorial Losada, S. A., 1962, pág. 18.
[4] Vossler, Op. cit.
[5] Ibid., 8.
[6] Ibid.
[7] Amado Alonso, 'Lingüística e historia,' *Humanides*, XVIII (1928), pág. 29.
[8] Vossler, Op. cit.

Más tarde (segunda mitad del siglo XIX), por la comparación de las correspondencias se llegó a la reconstrucción de la lengua originaria común. Cuando la lengua primitiva era desconocida se estudiaba las lenguas derivadas conocidas, también cuando ambas, la lengua originaria y la derivada, eran bien conocidas, como en el caso del latín y de las lenguas romances. Se desarrolló una metodología rigurosa de la evolución de las lenguas, llegando incluso a reconstruír los grados intermedios de la evolución de una lengua.[9]

> Las dos direcciones, ascendente y descendente, se implican y complementan como en las genealogías, y la lingüística se hace a la vez arqueológica e histórica, reconstructiva y evolucionista en cuanto a los fines, y comparatista en cuanto a los métodos.[10]

La concepción del lenguaje de los comparatistas era esencialmente naturalista.[11] El lenguaje para estos lingüistas era un elemento de vida autónoma, 'como un cuarto reino de la naturaleza, con leyes propias, exclusivamente lingüísticas que obraban sobre la lengua de modo inexorable de las leyes físicas o químicas.'[12] La ley existía dentro del idioma y cada idioma tenía leyes propias, que podían o no coincidir, en algunos casos, con las correspondientes de otro idioma hermano.[13] La evolución y el cambio de las lenguas era visto como un proceso de descomposición, de corrupción constante.[14]

August Schleicher es el más famoso de los comparatistas en la segunda mitad del siglo XIX. Trajo nuevos intereses a la lingüística cuando todavía dominaba la concepción naturalista del lenguaje. Por ejemplo él comparaba la vida de las lenguas a la de los vegetales.[15] Concebía las lenguas como organismos naturales, que nacen, crecen, se desarrollan y mueren 'según procesos internos ajenos a la voluntad de los hablantes.'[16] Pero con Schleicher la comparatística se va haciendo ciencia histórica. Al estudio de las lenguas antiguas él añadió las vivas. Va a buscar la verdad del hecho lingüístico no en la grafía y en los textos, sino en la pronunciación, y 'dispone los resultados de la comparación en gradaciones cronológicas como un medio para llegar a la reconstrucción de formas no documentadas.'[17]

Hacia 1880 los germanistas y los romanistas habían comenzado a explorar este nuevo concepto de la lingüística, aprovechando la gran cantidad de documentación de lenguas del grupo latino o germánico, que hizo posible el poder seguirlas cómodamente en un trayecto de siglos, y aprovechando también los conocimientos suficientes sobre las condiciones históricas de los

---

[9] Ibid., 7.
[10] Ibid., 7, 8.
[11] Ibid., 9. Amado Alonso, 'Lingüistica espiritualista,' *Síntesis*, I (1928), núm. 8, pág. 227.
[12] Alonso, 'Lingüística e historia,' pág. 29.
[13] Alonso, 'Lingüística espiritualista,' pág. 228.
[14] Amado Alonso, *Estudios lingüísticos. Temas hispanoamericanos* (2da edición; Madrid: Editorial Gredos, 1961), pág. 32.
[15] Vossler, Op. cit., 9.
[16] Alfredo Schiaffini, 'El lenguaje en la estética de Croce,' *Nueva Revista de Filología Hispánica*, VII (1953), pág. 19.
[17] Alonso, 'Lingüística e historia,' pág. 30.

pueblos que hablan esas lenguas.[18] 'Se puede ver ya ahora alguna razón para las aproximaciones y divergencias. Alguna razón explicable fuera de la lengua misma, y que habrá que buscar en la conducta y en la historia de los parlantes.'[19]

Las divergencias parecían infracciones y empezaron a abundar. Esto acució a los lingüistas hacia su esclarecimiento, particularmente a Whitney, Brugmann, Osthoff, Gröber, Ascoli, H. Paul, Sievers, Schuchardt y otros. 'Para sorprender la intervención del espíritu en los actos del lenguaje, los filólogos buscan las formas libres de los dialectos.'[20] Abundan entonces los dialectólogos, y las reconstrucciones dejan de ser el último fin de la lingüística; 'no se estudia para llegar a la forma primitiva, sino para sorprender el trabajo del espíritu humano en medio de la materia lingüística.'[21]

En el estudio de las formas dialectales, el investigador parte del conocimiento de la lengua general. Ellos habían descubierto 'una gradación de aproximaciones entre los distintos dialectos y la lengua general, que puede tener relación con la vecindad geográfica.'[22] M. Gilliéron es quien concreta la idea de la necesidad de fijar el punto geográfico de cada forma dialectal. Éste también fue el primero en proyectar y realizar un atlas lingüístico de los dialectos de Francia. Esta rama de investigación fue llamada lingüística geográfica. Pero Gilliéron y los métodos geográficos lingüísticos también tuvieron sus limitaciones, porque con materiales exclusivamente geográficos, sólo supieron ver las fuerzas condicionantes de la necesidad de un cambio lingüístico.[23] La preocupación de estos lingüistas no era ya el de resolver problemas concretos, sino el de fijar la dirección de la lingüística. La lingüística geográfica no tardó mucho tiempo en oponerse a la lingüística histórica.

De la nueva escuela de lingüística geográfica parten severos ataques a los investigadores historicistas, y se distingue entre ellos un grupo de lingüistas que se llaman a sí mismos 'idealistas.'[24]

El grupo idealista consideraba cada forma del lenguaje como expresión del hombre, como una función espiritual.[25] Para ellos estas formas no eran hechos, sino actos, no estados sino fenómenos. El hombre crea en la libertad de su espíritu la forma más adecuada para expresarse.

> Ante los ojos del lingüista se extiende magnífico todo un nuevo continente que explorar. Había que referirse al acto lingüístico en el momento de acaecer no como algo que tiene independencia, sino como determinado por el espíritu del que habla.[26]

---

[18] Ibid.
[19] Ibid.
[20] Ibid.
[21] Ibid., 31.
[22] Ibid.
[23] Ferdinand de Saussure, *Curso de lingüística general*, traducción, prólogo y notas de Amado Alonso (5ta edición; Buenos Aires: Editorial Losada, S. A., 1965), pág. 18.
[24] Alonso, 'Lingüística e historia,' págs. 31, 32.
[25] Alonso, 'Lingüística espiritualista,' pág. 229.
[26] Ibid., 230.

Se refieren siempre al momento en que un cambio tiene lugar, al instante de la creación. Estaban interesados sólo por el acto personal, el proceso psicológico individual que determina un cambio. A esta posición idealista pertenecen Bertoni, Vossler y otros.

Frente a los idealistas hay otro grupo que ellos llaman positivistas (historicistas). Dentro del mismo se ha distinguido un grupo llamado 'neogramáticos.'

Los neogramáticos querían llegar al conocimiento de la lengua por medio de la psicología colectiva, conocer el lengaje de un grupo humano por el conocimiento de sus medios expresivos. Estudiaban por eso los hechos de la lengua, los fenómenos hechos convención, admitidos, repetidos, adoptados, asimilados por todos.[27] Ellos opusieron a la concepción de las lenguas como materia natural 'la de materia de historia, como productos de historia y como historia perpetua.'[28] Tenían preferencia casi exclusiva por la parte material del lenguaje como objeto de estudio, 'por las formas sensibles consideradas en autonomía,' lo que mejor se presta a un conocimiento sistemático y circunstanciado entre todos los aspectos que ofrece el complejo fenómeno del lenguaje.[29] Estaban empeñados 'en fijar científicamente todas las determinaciones que limitaban un producto lingüístico, pero dejando por principio fuera de la Lingüística el acto espiritual de producirlo.'[30] Era, pues, una concepción despersonalizada del lenguaje y determinista.

La concepción espiritualista de los idealistas ya había sido planteada desde los primeros días de la ciencia lingüística. Las ideas esenciales del italiano Giovanni Battista Vico (1668–1744) fueron cultivadas en Alemania, especialmente por Johann G. Herder (1744–1803) y por Wilhelm von Humboldt (1767–1835). Éste último, según Alonso, fue el más profundo y genial teórico del lenguaje hasta hoy día. En 1828 Humboldt había esbozado una lingüística basada en el espíritu y no en la materia, concibiendo el lenguaje como *enérgeia* (acción, actividad), y no como *ergon* (producto).[31] Sus ideas quedaron incomprendidas por un siglo. La lingüística en su primer momento había sido influenciada más por los postulados darwinistas y el prestigio de las ciencias naturales que por las teorías de Humboldt.

En el transcurso del siglo XIX hubo filólogos cuyos intereses se acercaban a los del idealismo, tal como Gastón Paris, Schuchardt y otros más. Ellos sentían la necesidad de hacer intervenir el espíritu real y concreto de los hablantes en la historia de su hablar, sobre todo en los temas de sintaxis y etimología, donde se manejaban sentidos y significaciones.[32]

Benedetto Croce (1886–1952), un filósofo, crítico e historiador italiano, fue un erudito también de intereses espirituales. A fines del siglo XIX, había emprendido contra los positivistas. Él consideraba lo estético como lo esencial y básico en el fenómeno humano del lenguaje.

---

[27] Alonso, 'Lingüística e historia,' pág. 32.
[28] Vossler, Op. cit.
[29] Ibid.
[30] Ibid., 11.
[31] Ibid., 10.
[32] Ibid.

## Capítulo IV: Evolución de la lingüística como ciencia y sus diferentes escuelas

> Ante el lenguaje, a Croce le interesa no más que la intuición del espíritu autónomo, el acto estético y en su estricta originalidad individual y en su omnímoda libertad, el resto no tiene para él rango filosófico: ni la empiria ni la historia de las lenguas.[33]

Para Croce, aunque no es siempre fácil, por lo menos es posible reducir cada fenómeno lingüístico a su fórmula estética.[34]

Karl Vossler (1872–1949), alemán, también arremetió contra el positivismo de los neogramáticos. Atacó, asimismo, las limitaciones filosóficas de la escuela sociológica del lenguaje, no su agudeza científica.[35] Predicó una concepción espiritualista, o como él dice, 'idealista.'[36] La lectura de las obras de Croce y Hegel lo habían influenciado. Proclama la vuelta al sentido espiritualista, que tuvo la lingüística en su nacimiento con Herder, Humboldt, Bopp y otros:

> Si el lenguaje es acto de espíritu (*enérgeia*) y las formas fijadas no son más que el producto (*ergon*) de esa actividad, y si toda actividad concreta de espíritu lo es sin remedio de un espíritu individual, será necesario por principio goznar la ciencia entera del lenguaje en ese quicio del espíritu individual.[37]

Vossler heredó de Croce la consideración de lo estético como lo esencial y básico en el fenómeno humano del lenguaje.

Para Alonso las posiciones de la escuela idealista y la de los positivistas no son antagónicas e irreconciliables, sino que ambas son necesarias para el estudio de la lengua. Al mismo tiempo, critica las debilidades tanto de una escuela como de la otra. 'La verdadera significación de un fenómeno lingüístico sólo quedará fijada cuando hayamos reconstruído el proceso psicológico individual que determina la creación y las condiciones colectivas o sociales que la hacen convencional.'[38] Igualmente, ve la lingüística geográfica e histórica en esta luz: '...tampoco en este caso Geografía e Historia lingüística son caminos divergentes entre los que hay que optar, sino doble carril necesario para la buena marcha de la ciencia.'[39]

Alonso ha destacado el inmenso avance que ha recibido la lingüística general con la publicación en 1927 del libro de Menéndez Pidal, *Orígenes del español*. Aquí se ha elaborado un nuevo método, realizando una síntesis cuadrangular, la de la psicología individual (idealista) y la colectiva (positivistas), con la geografía y la historia.[40] Sugiere Alonso que por aquí es donde la lingüística debe buscar sus nuevas conquistas.[41]

En el siglo XX, la escuela sociológica del suizo Ferdinand de Saussure (1857–1913) ha sido la heredera de la concepción positivista del lenguaje. Saussure ha distinguido los dos aspectos del lenguaje. El colectivo, que es la suma de convenciones, llamado *langue*; y el individual, que es la realización personal del lenguaje, llamado *parole*.[42] Saussure concibe la lengua como un

---

33 Ibid., 12.
34 Alonso, 'Lingüística espiritualista,' Op. cit.
35 Vossler, Op. cit., 14.
36 Ibid., 11.
37 Ibid., 12.
38 Alonso, 'Lingüística e historia,' pág. 33.
39 Ibid., 33, 34.
40 Ibid., 34.
41 Ibid., 37.
42 Ibid., 32, 33.

sistema autónomo, ajeno del habla, fuera del alcance de los hablantes, y que funciona gracias a un juego de asociaciones y correspondencias entre los términos mismos. El concebir tal autonomía del sistema era un postulado de la orientación positivista, que se creía obligada a desterrar todo lo que fuera espíritu con su libertad de iniciativa. Esta orientación por eso pone tanto empeño en separar la filología (en su sentido de interpretación de textos y de estilos individuales) y la lingüística. Jerarquiza la lengua oral (espontánea) sobre la literaria, elaborada artificiosamente. La evolución del sistema es ajeno a la historia de la civilización del pueblo que lo usa.[43] La norma, el sistema de signos, el funcionamiento del sistema, era para Saussure el objeto primario y esencial de todo estudio lingüístico.[44] El sistema de la lengua para esta escuela no se modifica directamente nunca, 'en sí mismo es inmutable: sólo sufren alteraciones ciertos elementos sin atención a la solidaridad que los ata al conjunto.'[45] Es un mecanismo autónomo en su funcionamiento, de evolución involuntaria e inconsciente en cuyo destino la atención del individuo no puede influir, ni siquiera la de la masa.[46]

Saussure ha influenciado mucho en Francia y en la Suiza francesa, donde lingüistas eminentes como Meillet, Bally y otros, lo han tributado como 'código supremo del saber teórico y de la orientación en los métodos.'[47] Esta escuela sociológica también ha sido identificada como la escuela de Ginebra.[48]

El Círculo lingüístico de Praga es una escuela posterior a la sociológica de Saussure. Se dieron a conocer en el primer Congreso Internacional de lingüistas en La Haya, en 1928. Los lingüistas más sobresalientes que lo integran son los fonólogos R. Jakobson (Praga), S. Karvesky (Ginebra) y N. Trubetzkoy (Viena).[49] Ellos han elaborado una importante doctrina fonológica, basada en parte en las teorías de Saussure, parte en las del ruso Baudouin de Courtnay y en las del checo T. G. Masaryk, 'ambos del último tercio del siglo pasado.'[50] La influencia de Saussure se revela en la elaboración de la concepción estructuralista y funcionalista del lenguaje de esta escuela. Estos fonólogos del Círculo lingüístico de Praga tienen para los sonidos idiomáticos la misma concepción estructuralista que Saussure para el sistema de la lengua: los sonidos de un idioma forman un sistema en el mismo sentido que las formas gramaticales o las palabras.[51] La concepción que tienen del lenguaje es la siguiente:

> Every language is a coherent structure in which the component elements have specific functions to perform, that is, to keep the linguistic signs distinct from one another, thus making human communication through speech possible. The variability of speech is thus due to the changing needs of society, reflecting themselves in functions of element, and resulting in the modification of the linguistic structure.[52]

---

43 Vossler, Op. cit., 15.
44 Schiaffini, Op. cit.
45 Saussure, Op. cit., 12, 13.
46 Vossler, Op. cit., 15.
47 Saussure, Op. cit., 10.
48 Ibid., 16.
49 Vossler, Op. cit., 13.
50 Ibid., 14.
51 Ibid.
52 Mario Pei, *Glossary of Linguistic Terminology* (New York: Columbia University Press, 1966), pág. 98.

Capítulo IV: Evolución de la lingüística como ciencia y sus diferentes escuelas    53

Amado Alonso se sitúa en la concepción espiritual del lenguaje; más particularmente se considera seguidor de las teorías estético-intucionistas de Croce y de Vossler, a la que también pertenece H. Hatzfeld.[53] El lenguaje es visto como una estructura polar y móvil de espíritu y de cultura, de originalidad individual y de categorización histórico-comunal, de creación y de evolución.[54] Toda lengua viva y practicada evoluciona sin cesar como condición inseparable de su funcionamiento mismo. La evolución consiste en olvidar y en innovar, lo uno y lo otro son en su origen actos individuales, y su grado y rapidez de generalización dependen de condiciones sociales.[55] El triunfo de toda forma lingüística en una sociedad no es de orden mecánico y ciego, sino es siempre el triunfo de una preferencia y de un gusto colectivo; nunca se debe a un crecimiento natural.[56]

La lengua es, en efecto para Alonso, un fenómeno hasta cierto punto dirigido, no un organismo natural con leyes ajenas a la actividad de sus hablantes. La índole de los hablantes acuña la fisonomía de cada habla. La índole cultural de cada grupo orienta a la lengua en su adecuada dirección. A esa dirección que cada comunidad, cada grupo y cada individuo da obligatoriamente a su lengua, llama Alonso ideal idiomático. Y ve también que los ideales convivientes se influyen, se interpenetran y se conforman recíprocamente, en una tarea constante de lucha y acomodación.[57] Las tendencias de una lengua no son 'naturales,' sino que se van haciendo y resultan de la labor cotidiana y tradicionalmente fijada de las acomodaciones inter-individuales.[58] El espíritu, pues, es quien en definitiva fija la dirección de la tendencia, y el espíritu, aún condicionado por la tradición, siempre guarda su libertad de obrar.[59]

Pero si el lenguaje es siempre creación individual, no es menos cierto que esas creaciones individuales se producen para fines de convivencia. El lenguaje es un acto eminentemente social. Tras la creación individual de una forma los demás pueden adoptarla o no.[60] El espíritu de la comunidad interviene como el gusto nacionalmente fijado y tradicionalmente coherente, que orienta, acepta y rechaza las creaciones individuales.[61] Alonso presenta un ejemplo muy interesante, tomado de Menéndez Pidal. Muchas palabras latinas del grupo al+consonante evolucionaron en español de la siguiente manera: al+consonante en>au>o, como en alteru> auteru> autru> autro> otro. Pero hay dos palabras latinas, casi homónimas, que hoy tienen forma muy distinta: calcea y calce, que dieron en español respectivamente calza y coz. La transformación de calce en cauce y luego en coz supone para Alonso actos estéticos individuales. Alonso formula la pregunta de por qué no tuvo evolución similar la palabra calza, que aún perdura hoy.

---

53 Amado Alonso, *Estudios lingüísticos. Temas españoles* (2da edición; Madrid: Editorial Gredos, 1961), págs. 272, 280.
54 Ibid., 280.
55 Alonso, *Temas hispanoamericanos*, pág. 50.
56 Ibid., 32. Alonso, *Temas españoles*, 33.
57 Alonso, *Temas españoles*, 98.
58 Ibid., 265.
59 Ibid.
60 Alonso, 'Lingüística espiritualista,' pág. 234.
61 Vossler, Op. cit., nota al pie pág. 12.

> Porque en la época en que ese cambio [del grupo] al+consonante en 'o' se produjo, las calzas eran usadas solamente por las gentes privilegiadas, las de posibles económicos, las de educación escolar o que vivían en un ambiente de cultura fuertemente conservadora. La fidelidad a algunas pronunciaciones latinas eran actos estéticos, precisamente por la posible comparación permanente con pronunciaciones plebeyas. Los pobres, los incultos, esos iban con las piernas al aire, iban descalzos. Y calce, en contra, se cambió en coz, sin fidelidad a la tradición latinizante, porque la acción que la palabra designa era familiar a los pobres, a los iletrados, los que tenían que cuidar caballos. Es decir, coz triunfó colectivamente, porque la palabra cayó de preferencia en un medio social cuyos individuos carecían, en sus creaciones y nivelaciones idiomáticas, de una norma latinizante, del freno de cultura tradicional y libresca que impidió la transformación de calza, palabra usada de preferencia en un medio más instruído.[62]

El acto inicial de la creación de la forma es profundamente espiritual. Pero en el mismo espíritu del hombre hay, junto al anhelo individualizante de crear, el deseo de comprender y ser comprendido. La forma creada llevará el sello del estilo individual del que la crea, pero también encajará en el estilo colectivo de los que, creándola, han de captarla plenamente.[63]

---

[62] Alonso, 'Lingüística espiritualista,' págs. 234, 235, 236.
[63] Ibid., 236. Vossler, Op. cit.

# Capítulo V: Las ideas filológicas y lingüísticas de Amado Alonso: su contribución y orientación en este campo

Las ideas filológicas y lingüísticas de Amado Alonso pueden ser clasificadas de acuerdo a los diversos intereses del gran filólogo español. A un lado tenemos sus ideas sobre aspectos generales de la lengua, como su evolución, su funcionamiento y su naturaleza. Por otro lado las ideas relacionadas a la pedagogía. Otras aún conciernen a la metodología de la ciencia lingüística. Y por último tenemos sus opinions sobre obras de eminentes filólogos y sus escuelas. Al hablar de cada una voy a comenzar por este último grupo, ya que del mismo se desarrollan más claramente las otras.

En el estudio de los filólogos y las diferentes escuelas, Alonso ha poseído la gran facultad de poder discernir lo que éstos tienen de valor permanente y lo que era cuestión de época o de valor perecedor.

En los prólogos a las traducciones de los libros de Karl Vossler, *Filosofía del lenguaje*, y de Ferdinand de Saussure, *Curso de lingüística general*, Alonso ha sintetizado sus posiciones lingüísticas. A la vez puso al día las diferentes concepciones del lenguaje de estos filólogos y dió su propia opinión.[1] También en el primero de los libros mencionados establece la posición de Croce.

Las teorías y conceptos de Saussure, pertenecientes a la posición positivista del lenguaje, han sido objeto de un escrutinio objetivo. Alonso destaca tanto las importantes contribuciones del libro como sus debilidades.

Entre la inmensa aportación de Saussure al campo científico, Alonso destaca el rigor mental de los análisis y deducciones del 'sabio ilustre.'[2] Nuestro crítico hace notar que se han incorporado al progreso perdurable de la ciencia su riguroso y sistemático deslindamiento de dos parejas de conceptos. La primera pareja se refiere al objeto de estudio de la lingüística: la lengua y el habla.[3] La otra pareja atañe al método de estudio: sincronía y diacronía.[4] La dualidad de estos conceptos del lenguaje: habla y lengua, tanto como el funcionamiento del idioma y su evolución, han traído una comprensión más profunda del lenguaje. Ha sido una contribución incalculable a la lingüística.[5]

---

[1] Manuel Muñoz Cortés, 'Vida y obra,' *Clavileño*, XV (1952), pág. 55.
[2] Ferdinand de Saussure, *Curso de lingüística general*, traducción, prólogo y notas de Amado Alonso (5ta edición, Buenos Airs: Editorial Losada, S.A., 1965), pág. 10.
[3] Ibid., 7.
[4] Ibid.
[5] Ibid., 12, 20.

Igualmente rigurosa es su concepción estructuralista de las lenguas como sistemas, 'en que dos términos son solidarios.'[6]

La doctrina de valores (el valor de una unidad lingüística está determinado, limitado y precisado por el de las otras entidades del sistema, por ejemplo: tibio, lo que no es frío ni caliente, etc.) ha sido revolucionario y de incalculable fecundidad científica, según Alonso.[7] Así el funcionamiento entero de una lengua puede ser visto por medio del juego de entidades y diferencias de valores y sus oposiciones. 'Es la primera vez que se enfoca el problema del significar en el terreno concreto de la lengua, no ya en el abstracto de la lógica.'[8]

También es de gran valor en Saussure su concepto de las relaciones entre la palabra y el pensamiento, entre la materia acústica y los sonidos lingüísticos: 'antes de la formación idiomática, nuestro pensamiento no es más que una masa amorfa, sólo los signos lingüísticos nos hacen distinguir dos ideas de manera clara y constante.'[9] Igualmente en la lengua, 'sonido y pensamiento llegan por su unión a delimitaciones recíprocas de unidades.'[10]

Este concepto de las relaciones entre la lengua y el pensamiento, según Alonso, es mucho más profundo que el de los neogramáticos de asociación. Además está en la misma dirección que la 'forma interior del lenguaje' de Humboldt, la 'actitud categorial' o clasificatoria de la razón del lenguaje de Bergson y la filosofía de las formas simbólicas de Cassirer.[11]

También, el maestro suizo ha contribuído sus conocimientos a la fonología, con su criterio de clasificación del grado de abertura de los sonidos. Luego la oposición de sonidos en implosivos y explosivos, y su teoría de la sílaba. Ha discernido entre la lengua oral y la literaria, el espíritu de campanario o la fuerza particularista y la fuerza unifocadora o de intercambio.[12]

En cambio Alonso ha rechazado de Saussure todo aspecto que descarta lo esencial del lenguaje como fenómeno humano, por ejemplo el espíritu.[13] Saussure rechaza el habla del lenguaje, todo lo que es intención, conciencia, voluntad en el manejo de la lengua. Aunque Saussure lo reconoce, lo descarta como objeto de su estudio lingüístico porque complica la unidad estricta del objeto verdadero de estudio, que es el lado colectivo o social del sistema, la lengua.[14]

Tampoco le acepta a Saussure una cuestión de método, la completa disociación entre diacronía y sincronía, que este filólogo ve como antinomias irreducibles y sin contacto directo posible.[15]

---

[6] Ibid., 7.
[7] Ibid., 8.
[8] Ibid.
[9] Ibid.
[10] Ibid., 9.
[11] Ibid.
[12] Ibid., 10.
[13] Ibid., 12.
[14] Ibid., 15.
[15] Ibid., nota al pie. Amado Alonso, *Estudios lingüísticos. Temas hispanoamericanos* (2da edición; Madrid: Editorial Gredos, 1961), pág. 215. El Círculo Lingüístico de Praga y los discípulos de Saussure también han atacado esta idea.

Alonso sugiere colocar el habla en el centro de los estudios lingüísticos para orientar el sistema del lenguaje hacia una concepción espiritualista.[16] Así los problemas técnicos planteados a propósito de las antinomias diacronía y sincronía, lengua y habla 'se convierten de pronto en el problema filosófico central del lenguaje y de la lingüística.'[17] Sólo deben añadirse, según Alonso, las ideas de Humboldt sobre el lenguaje, como *enérgeia* (actividad) y no como *ergon* (producto).[18]

Su simpatía hacia Saussure se hace evidente en las siguientes líneas: 'Las distinciones que Saussure vió en el fenómeno del lenguaje y en la ciencia que lo estudia siguen siendo las que nosotros discernimos, y los métodos que él propuso siguen siendo los más rigurosos, si bien no los únicos.'[19]

Las virtudes del libro de Saussure no han sido afectadas, según Alonso, porque su investigación ha fecundado el pensamiento lingüístico en las teorizaciones y porque ha proporcionado métodos adecuados para la investigación particular.[20] El libro de Saussure, *Curso de lingüística general*, es para Alonso el mejor cuerpo organizado de doctrinas lingüísticas que ha producido el positivismo, 'el más profundo y a la vez el más clarificador.'[21]

Si me he detenido en las ideas de Saussure, ha sido únicamente para presentar algunas de las ideas más importantes de este filólogo, conceptos que fueron desarrollados por Alonso en su obra y de las que trataremos luego.

Alonso ha sido gran admirador del filólogo Karl Vossler. Anteriormente ya se había citado que Alonso se situaba junto a él en la posición espiritualista.

Las aportaciones de Vossler – evaluadas por Alonso – pertenecen al aspecto filosófico del lenguaje, en oposición a Saussure, quien mayormente contribuyó a la metodología. Como ciencia del espíritu, el lenguaje necesitaba renovar sus métodos, pero Vossler no ha intentado elaborar una metodología sistemática: 'en todas sus reflexiones filosóficas está señalando orientaciones.'[22]

Vossler estudia lo que es esencial para Alonso en el lenguaje: el fenómeno humano, el habla. Pero por atender a este aspecto no ha dejado de desatender las exigencias científicas de lo sistemático: 'antes bien, en el sistema mismo es donde Vossler sorprende el sentido estético de la ordenación.'[23] Y de ningún modo ha renunciado a las conquistas ganadas por los positivistas, sí denuncia la insuficiencia de su concepción determinista del lenguaje. Lo que Vossler reclama de la lingüística es 'que, después de estudiar todas las condiciones del sistema, y todas las determinaciones culturales, siga adelante en su afán de comprender, hasta llegar a lo que el lenguaje tiene de autodeterminante: de estético.'[24]

---

[16] Saussure, Op. cit., 28.
[17] Ibid., 27.
[18] Ibid.
[19] Ibid., 30.
[20] Ibid.
[21] Ibid., 7.
[22] Karl Vossler, *Filosofía del lenguaje*, traducción y notas de Amado Alonso y Raimundo Lida. Prólogo de A. Alonso (3ra edición; Buenos Aires: Editorial Losada, S.A. 1957), pág. 17.
[23] Ibid., 18.
[24] Ibid.

En el estudio de la lengua, Vossler reconoce por un lado la actividad creadora y por el otro, la expresión y el contenido de una cultura histórica. Busca los aspectos que están más cargados de espíritu, 'los menos dóciles a las conclusiones mecánico-cuantitativas' (en oposición a Saussure).[25] Alonso sugiere que como en ninguna ocasión se muestra la acción del espíritu individual tan eminentemente como en la poesía, es ahí, en las obras de arte, donde el lingüista debe buscar sus materiales de estudio.[26]

El lenguaje para Vossler es una estructura móvil y polar, concepción que da coherencia a todos sus ensayos filosóficos. Esta estructura dual está expresada por parejas de conceptos recíprocos: espíritu y cultura, individuo y sociedad, creación y evolución, categorías gramaticales y psicológicas, estilo y gramática, y muchas más.[27] Según la opinión de Alonso, es por este principio que la filología y la lingüística se identifican. Los positivistas se empeñaban y aún se empeñan por separarlas, puesto que para ellos el habla individual es heterogéneo, asistemático, un estudio secundario y extralingüístico.[28]

Benedetto Croce ha tenido gran influencia sobre el filólogo alemán. El aspecto estético era para él el esencial en el lenguaje. Y no sólo era el más alto en la escala de valores del lenguaje, sino el único. Esta concepción también espiritual del lenguaje, no reconoce el lado social.[29]

Nos señala Alonso que el gran acierto de Vossler es haber salvado esta 'estéril unilateralidad' y sobre todo en haber aceptado la complejidad real del objeto de la lingüística, la lengua en conjunción del habla.[30]

Es especial la posición de Vossler porque media entre la de Croce y la de Saussure. Vossler tomó los dos polos, el intuicional-estético de Croce y el social (lengua) de Saussure, como dos entidades que forman un harmónico conjunto.[31] Con Saussure también tiene en común la dualidad perpetua del lenguaje (pareja de conceptos), pero cada uno lo comprende de forma diversa. Para Vossler es una dualidad funcional, como una corriente viva; en cambio Saussure ve una dualidad heterogénea que estorba la unidad del lenguaje.[32] Como vemos, en Vossler la creación individual nace orientada por las condiciones del sistema de la lengua.

Alonso ha dicho que el libro *Filolofía del lenguaje* es 'lo más hermoso y sugestivo que sobre esta provincia del espírtu se ha escrito en lo que va de siglo, ha brotado desde la lingüística a la filosofía.'[33]

---

25 Ibid., 16.
26 Ibid., 12.
27 Ibid., 13.
28 Saussure, Op. cit., 21, 22. Duncan deplora el hecho de que en Estados Unidos un joven estudiante, en la mayoría de los casos, tiene que escoger entre la literatura y la lengua. Cree muy ventajoso el tener una preparación europea para la vida erudita. Esta situación no siempre ha persistido en el pasado dentro del campo español. Duncan cita a eruditos como Ticknor, Marden, Hills, Ford y Fitzgerald, quienes consideraron la lengua y su literatura como un solo aspecto. Esta misma tradición fue mantenida hasta cierto punto por Morley, Keniston, Crawford y otros. Pero desde entonces los eruditos se han encaminado gradualmente hacia una tendencia o hacia la otra. R. M. Duncan, reseña sobre *Estudios lingüísticos. Temas españoles* de Amado Alonso, *Symposium*, vol. 7 (1953), núm. 1, pág. 181.
29 Vossler, Op. cit., 12.
30 Ibid., 13, 15.
31 Ibid., 16.
32 Saussure, Op. cit., 14 nota al pie, 15.
33 Vossler, Op. cit., 20.

Alonso concluye que a Vossler se le debe la más honda y fecunda concepción filosófica del lenguaje.[34]

Las ideas que Alonso presenta en los prólogos citados nos revelan dos características. La una es muy peculiar del pensamiento español (según Menéndez Pelayo), y es la capacidad de unir escuelas contrarias. La otra es la de incorporar lo permanente de una posición dada, aunque no se comparta las presuposiciones fundamentales. Por ejemplo en el prólogo a Vossler, Alonso nos ha presentado la unidad entre concepciones lingüísticas aparentemente tan distintas como las de Vossler y Saussure. Poner al día e incorporar lo aprovechable de cada escuela es una gran aportación al campo filológico de hoy, para seguir caminos nuevos.

Otra contribución de Alonso a la lingüística ha sido el traducir de diferentes lenguas conceptos técnicos, conceptos que son de uso general hoy, y que proveen al lingüista con un instrumento preciso para su trabajo. Ya han sido citadas las traducciones de los conceptos de Saussure, lengua para *langue* y habla para *parole*.

En el prólogo a Vossler, Alonso explica su rendición de la expression alemana 'objektiver Geist' al español como 'espíritu objetivado,' es decir que en el espíritu se puede ver en una forma objetiva lo individual. 'Es, pues, el espíritu individual o subjetivo allí fijado en una forma, esto es objetivado y no objetivo.'

Discute Alonso, también en este mismo libro de Vossler, la traducción del alemán: 'meinen,' 'die Meinung' y 'das Gemeint' como mentar, mención y lo mentado al español respectivamente. Éstas son palabras que Vossler usa con un sentido técnico, es decir científicamente convencional.[35] Alonso, en esta discusion del uso de cada idea, aproxima 'lo mentado' de Vossler al concepto de Husserl 'Kundgabe' o sea la notificación. Destaca que tanto Husserl como Vossler emplean la misma terminología técnica pero diferentemente convencionalizada.[36]

Sobre el aspecto general de la lengua hay un concepto que es de capital importancia en la ideología de Alonso. Éste es la 'forma interior del lenguaje.' Este genial concepto tuvo su origen en Wilhelm von Humboldt, que lo llamó 'Inneresprachform.' Humboldt, quien para Alonso fue el verdadero fundador de la lingüística filosófica moderna, desarrolló esta idea en vista de la diversidad humana de los métodos de significar, deteniéndose especialmente en la estructura específica del pensamiento idiomático. La forma interior del lenguaje significó para él el principo central ordenador y categorizador en el pensamiento idiomático de cada lengua.[37]

Algunos intérpretes de este concepto de Humboldt lo han llamado 'actitud categorial del hombre' o clasificatorio de la razón del lenguaje (H. Bergson), también 'formas simbólicas' (E. Cassirer). El concepto de las relaciones entre la palabra y el pensamiento de Saussure es una idea aproximada a la de Humboldt.[38]

---

[34] Ibid.
[35] Ibid., 134.
[36] Ibid., 135.
[37] Amado Alonso, 'Introducción a los estudios gramaticales de Andrés Bello,' *Obras completas de Andrés Bello*, vol. IV (1951), págs. xxviii nota al pie, xix.
[38] Amado Alonso, *Estudios lingüísticos. Temas españoles* (2da edición; Madrid: Editorial Gredos, 1961), pág. 277.

Alonso aplica esta idea a sus estudios de lingüística sincrónica y diacrónica, y tanto al habla como a la lengua. Una magnífica exposición del lado lógico y general de esta idea puede encontrarse en el libro de Husserl *Investigaciones lógicas*, tomo II, investigación VI, según Alonso. Esta investigación ha llevado a Husserl a una concepción muy próxima a la que esbozó un siglo antes Humboldt.[39]

En esta idea entra no sólo lo lógico, sino también el interés vital, las experiencias acumuladas de muchas generaciones, la fantasía y el contenido psíquico.[40]

Un ejemplo precioso es el que Alonso ilustró sobre el estilo mental con que los paisanos argentinos piensan acerca de la vegetación. Hay cuatro nombres de vegetación de especial relación. Ellos denominan *pasto* a toda hierba de calidad alimenticia para el ganado. La *paja* es una vegetación áspera que es inútil para el pastoreo, excepto cuando la paja está muy verde y tierna. Los *yuyos* son la vegetación enteramente inútil y hasta dañina para el ganado, la maleza. En cambio, denominan *cardos* a una planta leñosa, que sirve como alimento de reserva para el ganado en la época de sequía, y sirve de combustible para los pastores. Estos conceptos 'se delimitan y precisan mutuamente y se sostienen con gravitación recíproca.' Se ve un mismo enfocamiento para ellos, con una perspectiva unitaria: la de una economía ganadera.[41] Reciben el nombre según su finalidad y utilidad, no según sus características botánicas. Implican una tensión interesada entre sujeto y objeto.[42]

Alonso piensa que el concepto de la forma interior del lenguaje es fundamental en la esencia de la lengua porque es el que más campo alcanza con su poder de explicación. Revela el por qué de la genialidad de cada idioma, revela asimismo el funcionamiento interno de una lengua, revela a la vez la razón y el modo básico de la perpetua evolución de las lenguas, 'como sistemas que nuestros antepasados han ido haciendo según sus intereses, sus gustos y su estilo mental y de vida, y que nosotros al usarlos seguimos haciendo en inacabable tradición.'[43]

La siguiente cita de Alonso completa su pensamiento sobre este tema:

> La forma interior es lo más vivo de los idiomas y, por lo tanto, lo más movedizo; es más de orden intuicional que racional y está en constante evolución. La idea luminosa de Humboldt ha sido desatendida por la lingüística durante casi un siglo. Hoy ha sido colocada en su puesto de honor, pero todavía los esfuerzos de filósofos y lingüistas se ancaminan casi exclusivamente a fijar el alcance y significación de la idea misma. Las investigaciones en este terreno son escasísimas y fragmentarias, y en el terreno histórico-evolutivo creo que faltan del todo. Ni siquiera se suele aludir a esta condición de perpetuo cambio que tiene la forma interior de un idioma, pero una vez enunciada no creo halle contradictores. Esta misma condición explica que, sobre todo en idiomas muy extendidos geográficamente, la forma interior adopte variantes en cada región. Y también en cada individuo.[44]

---

[39] Amado Alonso, *El problema de la lengua en América* (Madrid: Espasa Calpe, 1935), pág. 148.
[40] Alonso, *Temas hispanoamericanos*, 63; *Temas españoles*, 201.
[41] Alonso, *Temas hispanoamericanos*, 67, 68; *La Argentina y la nivelación del idioma* (Buenos Aires: Institución Cultural Española, 1943), pág. 76.
[42] Alonso, *El problema ...*, Op. cit.
[43] Alonso, *Temas españoles*, Op. cit., 65.
[44] Alonso, *El problema ...*, Op. cit., 147.

En los trabajos de Alonso sobre la lengua española de América hemos notado su profunda preocupación por lo que es la lengua general, la nivelación de la lengua y su importancia en la literatura y la unidad de la lengua en el mundo de habla española. Estos conceptos, todos relacionados entre sí, han ocupado muchos estudios, libros y artículos. A continuación presentaré la importancia que Alonso le concedió a cada uno.

Por lengua general del mundo hispanoamericano, Alonso ha entendido la nivelación del sistema de elementos idiomáticos heredados en común y conservados concordemente en todos los países hispánicos. Es un sistema lingüístico coherente entre sí y general a veinte naciones, aunque cada una tenga otros elementos privativos y un estilo propio de usar el sistema lingüístico común.[45] La lengua general se levanta sobre las variedades locales como un producto de cultura superior, en cuya elaboración están participando las personas mejor dotadas de todas las regiones.[46] Alonso explica que a este concepto de lengua general se ha llegado por exclusión: descontando todos los localismos, y reuniendo a las personas de hablar culto.[47]

Para Alonso la lengua literaria es a la vez el ideal de la lengua general hablada, y es su más eficaz instrumento de generalización.[48] Esto se debe a que la lengua literaria tiene mayor independencia temporal que la oral, al mismo tiempo que tiende a independizarse de la sujeción geográfica. Su afán es de universalidad.[49] Por lo tanto la lengua literaria general es un intento constante de nivelación de las distintas variedades locales.[50]

Alonso nos hace retroceder hasta la Edad Media para comprender mejor el ideal de la lengua en la literatura. En la Edad Media, la cultura romana superior se había hundido en la barbarie. Pocos reyes sabían leer y escribir. El latín era la única lengua de prestigio cultural. Pero en el Renacimiento aparecieron varias lenguas literarias y ellas aceleraron en todas partes el proceso de reintegración, nivelación, unificación y elavación del lenguaje hablado, 'por ser para cada individuo, mediata o inmediatamente, el punto de referencia más seguro y más prestigioso posible.'[51]

Es desde entonces que el ideal de la lengua estuvo influído por el literario. Alonso advierte como la cultura se refleja en la lengua. Nota incluso que las lenguas literarias mismas llevan entre sí un movimiento aproximador. 'El vocabulario de la cultura superior se unifica cada vez más en todos los idiomas, y en cada uno los escritores desarrollan posibilidades de expresión al estímulo de los semejantes cumplidos en los otros idiomas.'[52] Esta tendencia se observa luego en la lengua oral, como por ejemplo: 'Traer un asunto, un razonamiento por los cabellos, traído por los pelos, se dice en francés un *raisonnement tiré par les cheveux*, en alemán *bei den Haaren herbeigezogen*, en sueco *hardgragen*.'[53]

---

45 Alonso, *La Argentina* ..., pág. 36.
46 Ibid., 86.
47 Ibid.
48 Ibid., 58.
49 Ibid., 45.
50 Alonso, *El problema* ..., pág. 60.
51 Amado Alonso, 'El porvenir de nuestra lengua,' *Sur*, núm. 8 (1933), pág. 147.
52 Ibid.
53 Ibid.

La lengua oral y la literaria están relacionadas íntimamente. La escrita pone su sello en la lengua oral.[54] La forma literaria presiona sobre el hablar; por eso hay un estrecho parentesco entre el hablar de la gente educada con la lengua literaria.[55] El lenguaje escrito y el oral se necesitan recíprocamente: 'el literario al oral para no desecarse; el oral al literario para no degradarse.'[56] La lengua escrita se va nutriendo de la oral. En una comunidad en que la cultura esté bien socializada, la lengua oral y la escrita son interdependientes, viven la una de la otra.[57] Si se independiza la lengua escrita, ésta muere, y la oral se convierte en patois. De la intromisión de la lengua oral en la escrita nadie escapa, puesto que con sólo la oral nadie escribe.[58]

La unidad de ambas manifestiaciones de la lengua radica en la unidad de la persona que habla y escribe, el alma individual que se expresa.

> La expresión poética es donde el lenguaje adquiere más alta jerarquía al mostrarse hendido de alma y espíritu, y esa suprema calidad de lenguaje se ofrece como modelo inalcanzable, pero orientador, a los hombres prácticos de todas las regiones y de las sucesivas épocas.[59]

Sin embargo, Alonso reconoce que cada país, cada provincia y cada individuo, tiene un modo propio de realizarse en la lengua, pero 'nuestro afán de cultura se satisfará con que mantengamos la unidad del ideal, la unidad de norma.'[60]

La idea de corrección en el lenguaje es también muy importante. Se basa en la estimación social de unas formas y en la desestimación de otras, ya sean vocablos, pronunciaciones, modismos, o se refiera a la entonación, como corrientes y admitidos entre las gentes ilustradas.[61] Esta idea es uno de los elementos culturales, pujante en unas épocas, en colapso en otras.[62]

El gusto del individuo de una comunidad, como el gusto colectivo de ella, es una ferza poderosa que dirige el rumbo de la lengua.

> El gusto consiste en la consonancia del juicio personal con las preferencias de los tenidos por los mejores y más discretos en la materia, y en la admisión de gustos personales disidentes hasta que el gusto social zanje la disidencia.[63]

Las gentes reconocen 'en su mejor grupo cultural una mejor manera de expresarse, que se les presenta como un ideal.'[64]

Por ejemplo un elemento nuevo en la lengua escrita comienza por usarse y aceptarse en un pequeño círculo de personas, 'espíritus más dotados y sensibles a la necesidad de expresión,' luego se amplía hasta llegar hasta las clases ilustradas, y por fin a toda la comunidad lingüís-

---

[54] Ibid., 144.
[55] Alonso, 'Introducción ... Andrés Bello,' pág. xx.
[56] Alonso, *La Argentina* ..., pág. 69.
[57] Alonso, *El problema* ..., pág. 53.
[58] Ibid., 53, 55.
[59] Amado Alonso, 'El lenguaje artístico,' *La Nación*, 11 de octubre de 1936.
[60] Alonso, *El porvenir* ..., pág. 150.
[61] Alonso, *La Argentina* ..., pág. 20.
[62] Ibid, 78.
[63] Alonso, *Temas hispanoamericanos*, pág. 27.
[64] Alonso, *El problema* ..., pág. 75.

tica.⁶⁵ Es posible que la orientación lingüística de un solo individuo se oponga a la voluntad comunal de orientación. Tal es el influjo patente de la prosa de Ortega y Gasset, ejercido en España y América.⁶⁶ Pero la intervención de un individuo en los destinos de su lenguaje está en directa proporción con su potencia de proselitismo idiomático.⁶⁷

En la lengua general sólo entran aquellas novedades en que los inventores se han acomodado a la dirección del gusto general.⁶⁸

Alonso se ha detenido a destacar el fenómeno de la nivelación del español en el mundo hispánico, especialmente desde 1943. Hasta entonces España había sido el único agente unificador de la lengua española, porque Madrid era el único centro de producción y difusión literario.⁶⁹ Pero debido a la guerra civil española, Méjico y Buenos Aires empezaron a intervenir en el destino general de la lengua de más de veinte naciones.⁷⁰ Durante la guerra civil casas editoriales españolas establecieron firmas en Buenos Aires. Y en pocos años llegó a ser el primer centro editorial del habla española. Méjico fue un foco de menor grado, aunque ninguno de estos países alcanzó la potencia peninsular. Por ejemplo en Buenos Aires no se publican diccionarios o colecciones monumentales.⁷¹ Sin embargo, desde entonces existieron tres focos de regulación para la lengua española, recíprocamente influídos: Méjico, Madrid y Buenos Aires.⁷² Los tres son centros capitales de difusión y producción de libros; los tres tienen su diferente personalidad lingüística, dentro del idioma común.

Ha demostrado Alonso que la nivelación requiere una acomodación del lenguaje. Antes de la guerra civil, los libros españoles no tenían presente el gusto lingüístico americano. Ahora sí lo tiene en cuenta. Esto significa que evitan formas peninsulares que en América no circulan. Usan las que coinciden con las de América. Dan entrada a las formas americanas y les dan valor de vigencia normal. Igualmente los escritores americanos tratan de evitar los regionalismos, formas lugareñas. Todos se acomodan a la lengua general; como dice Alonso, 'es un triunfo muy tangible hoy.'⁷³

Alonso ha tenido gran interés en problemas del lenguaje, de carácter filosófico y teórico. En este campo sus aportaciones han sido de gran progreso para la lingüística.

Incorporó a esta ciencia los avances de varios filósofos contemporáneos, especialmente los de Edmund Husserl (1859–1938), Henri Bergson (1870–1941), Wilhelm Dilthey (1833–1911), Alexander Pfänder (1870–1941) y Ernst Cassirer (1874–1945).

Husserl es conocido por ser el funador y maestro de la escuela fenomenológica en filosofía. Alonso aprovechó ciertas ventajas que el método fenomenológico ofrecía, tal como 'el modo determinado de mentar el objeto' y 'la referencia intencional al objeto.' Husserl ya había desarrollado su concepto de la significación hacia 1900. El mismo era superior por su gran rigor

---

65 Ibid., 68.
66 Alonso, *El porvenir* ..., pág. 144.
67 Ibid.
68 Alonso, *El problema* ..., pág. 40.
69 Alonso, *La Argentina* ..., pág. 25.
70 Ibid., 32.
71 Ibid., 26, 28.
72 Ibid., 31.
73 Ibid., 41, 42, 43.

científico al que fue elaborado por Saussure. La distinción que Husserl hace aquí entre significación y objeto es aplicada por Alonso en sus estudios.[74] Distingue igualmente con el gran filósofo entre signo e indicio.[75] Las exigencias que los métodos fenomenológicos han establecido para el examen de los fenómenos de conciencia también han sido tenidos en cuenta por Alonso en su ensayo 'Sobre métodos: construcciones con verbos de movimiento en español.'[76]

Las ideas de Bergson sobre la intuición y la memoria han sido utilizadas en varios estudios de Alonso.[77] Asimismo encuentra de valor el axioma de Bergson sobre la esencial polivalencia del signo lingüístico.[78] Acepta de Bergson la idea categorial de la realidad, concepto, como ya hemos notado anteriormente, relacionado a la forma interior del lenguaje de Humboldt.[79]

De Dilthey incluye en sus estudios la idea de que en el aspecto racional del lenguaje entra también el afecto, la fantasia y la voluntad. La aplicación práctica se encuentra en el estudio 'Noción, emoción, acción y fantasia en los diminutives.'[80]

Alonso ha encontrado muchos conceptos útiles en las teorías de Pfänder, especialmente las que se encuentran en su libro famoso de *Lógica*.

El concepto de la forma interior del lenguaje, expresado por Cassirer en sus ideas de las 'formas simbólicas,' también ha sido acogido por Alonso. Su profunda interpretación de la acción del símbolo idiomático (la palabra) en la vida de la conciencia ha sido aplicado por Alonso en la polémica con Hatzfeld (en *Temas españoles*) sobre si el lenguaje en sí mismo puede ser impresionista.

El espíritu amplio de Alonso fue responsable por el hecho de que no sólo haya aceptado ideas afines a su concepción lingüística. Consideraba ante todo el valor de un concepto. Numerosos trabajos han desarrollado los hallazgos de Bally y Saussure.

En 'Noción, emoción, acción y fantasia en los diminutivos' (en *Temas españoles*) por ejemplo, se puede reconocer la teoría de la expresividad de Bally.

De Saussure, los conceptos que más aparecen en los trabajos de Alonso son los de sincronía y diacronía, lengua y habla. Alonso, al elaborarlos, les da su propio modo de percibir estos aspectos. Por necesidades prácticas, separa cuidadosamente el estudio del funcionamiento actual de la lengua de su evolución, pero 'al final nuestro pensamiento no se conformará con menos que llegar a una síntesis de esos dos momentos: ver y presentar el funcionamiento de un sistema en perpetua evolución.'[81]

En la *Gramática castellana* y en otros estudios, Alonso aplicó la distinción de Saussure entre articulaciones de abertura creciente – explosivas – como la 's' de *se*, y las articulaciones de abertura decreciente – implosivas – como la 's' de *es*.

---

74  Alonso, *Temas españoles*, 158.
75  Ibid., 167.
76  Ibid., 200.
77  Ibid., 276, 277, 280.
78  Ibid., 283.
79  Alonso, *Temas hispanoamericanos*, 61, 62.
80  Alonso, *Temas españoles*, 187.
81  Ibid., 236.

La teoría de valores de Saussure (la significación de un elemento idiomático está condicionado y determinado, limitado y precisado por la de los otros elementos con los que forma sistema, en *Temas españoles*, p. 131) la vemos en 'Estilística y gramática del artículo en español' (*Temas españoles*).

Ángel Rosenblat y otros han discernido que la severidad científica de Alonso, su afán por los hechos y su precisión, proviene de los positivistas.[82] Pero a la vez, le interesaba más la interpretación que los hechos mismos.

> Y en la interpretación era esencial el juego de las fuerzas del espíritu: la fantasía, la afectividad, el momento de creación. En este afán le guió el idealismo lingüístico de Vossler. Por eso podemos observar en todos sus trabajos la unión de lo lingüístico con las formas superiores de la vida.[83]

Las ideas pedagógicas de Alonso han sido de amplio alcance.

En el libro *La Argentina y la nivelación del idioma* (1943), Alonso dedica gran parte a la educación de las escuelas secundarias de ese país. Describe las reformas de los programas que se llevaron a cabo entre 1933 y 1935, a los que Alonso había contribuído.[84] Expone el método que entra en vigor en los programas de 1936, que él cree ideal.

Un método de enseñanza para Alonso debe ser ante todo práctico. Da a la enseñanza la función de formar e informar a los alumnos.[85]

Alonso propone que el nuevo programa no debe exigir ninguna doctrina particular de enseñanza, pero sí debe evitar el aprendizaje por definiciones.[86] Pide a los profesores no detenerse en la exposición de ideas propias sobre las categorías gramaticales 'convirtiendo la enseñanza en juego de definiciones y exposición doctrinal de gramática general.'[87] Sólo que expongan lo necesario, para el mayor aprovechamiento de los estudiantes en el idioma. Los alumnos deben sobre todo aprender a distinguir las categorías gramaticales y ver cuál es su función en la ordenada expresión del pensamiento.[88]

---

[82] Ángel Rosenblat, 'Amado Alonso, *Cultura Universitaria*, XXX (1952), pág. 67; Alfredo Roggiano, reseña sobre *Estudios lingüísticos. Temas españoles* de Amado Alonso, *Boletín de Filología* VII (1952–1953), pág. 362.
[83] Rosenblat, Op. cit.; Roggiano, Op. cit., 364
[84] Alonso, *La Argentina ...*, 88.
[85] Ibid., 144.
[86] Ibid., 124.
[87] Ibid., 127.
[88] Ibid., 124. Como Alonso advoca evitar definiciones, especialmente para las partes de la oración, ayuda al maestro con la presentación de cuatro posibles criterios para abarcar este problema. [A] El primer criterio es considerar la forma exterior de las partes de la oración, según los accidentes de la palabra. Alonso se basa en Varrón, quien distingue cuatro partes en la oración: (1) con casos, (2) con tiempos, (3) con casos y tiempos, (4) sin casos y sin tiempos (en *La Argentina ...*, pág. 125). [B] El segundo criterio es lógico-objetivo. Considera las partes de la oración como categorías lógicas, de sustancia, calidad, las que nos presenta la realidad. Es el criterio de la gramática tradicional. El más usado y el más débil, según Alonso, porque entran contínuos desajustes entre la categoría gramatical y el criterio lógico-objetivo. Los que tienen que ser explicados como excepciones o irregularidades en cada caso (*La Argentina ...*, pág. 125). [C] El tercer criterio es el lógico-formal, basado en Pfänder con elaboración de la técnica fenomenológica del 'modus determinatae aprehensionis' y prescindiendo del 'modus entis' o modo de ser la realidad significada (*La Argentina ...*, pág. 126). [D] El último criterio entiende las partes de la oración como partes en la oración. Bello ha tratado de basar su gramática en este criterio. Alonso lo advoca sin afirmarlo; ha presentado muchos ejemplos para este criterio (*La Argentina ...*, pág. 126).

Este programa y las ideas que propone para la enseñanza constituyen un cambio radical del método utilizado hasta entonces en el que predominaban las definiciones.[89]

Los programas nuevos fueron escritos de modo que fuera la lengua misma la que se aprendiera, y 'de manera que lo aprendido por los alumnos sirviera de efectivo provecho para el mayor y mejor dominio de la lengua materna.'[90] Estaban dispuestos en forma cíclica para los tres años de estudio.[91]

El tiempo dedicado a la enseñanza estaba repartido en tres partes, una para ejercicios prácticos, otra para la exposición de nociones gramaticales y su aplicación, y el resto dedicado a la literatura.[92] Los ejercicios prácticos eran mayormente sobre la gramática, otros sobre fonética, ejercicios de pronunciación, etc.[93] En la literatura se hacían lecturas sistemáticas, con noticias pertinentes del autor, del período, y explicaciones de texto.[94]

El programa así constituído era para Alonso 'enseñar más idioma que gramática.'[95]

En el estudio de la gramática Alonso ha incluído la fonética. Recomienda atenerse al manual de Navarro Tomás. Ha llevado a la fonética los nuevos conocimientos científicos, los que deben enseñarse en las escuelas. Introduce la terminología científica para la clasificación y descripción de las consonantes. Y da especial énfasis al estudio de la dicción.[96]

Las ideas de Alonso sobre la enseñanza, aquí presentadas, mantienen toda su integridad y su función práctica. Dice: 'la educación formativa que consista en burlar el saber riguroso (en lo que a eso se puedan acercar las ciencias del espíritu) será una educación desastrosa.'[97]

El interés hacia lo práctico en la enseñanza relaciona a Amado Alonso con la preocupación norteamericana de hoy de enseñar lenguas extranjeras con métodos prácticos: 'Se debe aprender un idioma no como regla, sino como habitual funcionamiento del propio hablar.'[98]

La *Gramática castellana* de Alonso y de Henríquez Ureña es en esencia el mismo programa esbozado en *La Argentina y la nivelación del idioma*.

En el prólogo a este manual los autores han anunciado que las doctrinas gramaticales allí expuestas no siempre son las que uniformemente se repiten en los demás manuales. Se complacen en afirmar que sólo dan cabida a los resultados de la 'Lingüística moderna' cuando éstos pueden tenerse como seguros y fáciles de exponer. Coinciden con Bello en desechar la explicación de las partes de la oración como partes de la realidad, y se esfuerzan en interpretarlas como oficios oracionales.[99] Para este punto también han fortalecido su presentación con ideas de Pfänder, expuestas en su *Lógica*.

---

[89] Ibid.
[90] Ibid., 139.
[91] Ibid. El *sistema cíclico* consiste en tomar de nuevo y ampliar temas tratados anteriormente.
[92] Ibid., 90.
[93] Ibid., 88.
[94] Ibid. Alonso incluye ejemplos varios sobre como hacer las explicaciones de textos. Es una de las exposiciones más útiles para futuros maestros.
[95] Ibid., 141, 143.
[96] Ibid., 132, 133, 134.
[97] Ibid., 144.
[98] Ibid., 110.
[99] Amado Alonso y Pedro Henríquez Ureña, *Gramática castellana*, Primer curso (23a edición; Buenos Aires: Editorial Losada, S.A., 1966), pág. 7.

## Capítulo V: Las ideas filológicas y lingüísticas de Amado Alonso 67

Con Bello también rechazan la idea del género como división de todos los seres o cosas en dos grupos, según el sexo real o el que antropomórficamente se les atribuye. Ellos lo explican sobre la base de la concordancia con el adjetivo, idea, según Alonso, ya aceptada.[100]

En fonética siguen a Navarro Tomás, *Manual de pronunciación española*. Especial atención reciben la ortología y la versificación. Los ejercicios prácticos, donde posible, están basados en trozos literarios. Toda la presentación del manual se destaca por la unidad de la lengua oral y la escrita, o literaria.

Los esfuerzos de Amado Alonso dedicados a la metodología lingüística constituyen direcciones incitantes para la investigación científica.[101]

Alonso en este campo ha batallado contra las fáciles generalizaciones, ha tratado de mirar realísticamente su materia de estudio, siguiendo las líneas de su propia complejidad y respetando su diversidad. El material de estudio ha sido considerado siempre somo 'materia humana, como cosas que los hombres realmente hacen, no mitificadas y hechas abstractas desde un principio con terminologías facilitonas.'[102]

En cada instancia, en cada trabajo de Alonso, la cualidad científica del conocimiento era su meta:

> La satisfacción está en dar carácter científico al conocimiento, lo cual sucede cuando el conocimiento está sujeto a comprobación, esto es, cuando los hechos y las interpretaciones responden armónicamente a los reactivos de la crítica histórica y de la lingüística.[103]

Aconseja Alonso que para la elaboración de métodos de investigación, éste debe ajustarse o debe estar en concordancia con la materia tratada.[104]

Los dos libros gemelos *Estudios lingüísticos, Temas españoles* y *Temas hispanoamericanos*, son muy ricos en la exposición de métodos usados y en sugerencias para futuras investigaciones.

El ensayo 'Sobre métodos: construcciones con verbos de movimiento en español,' en *Temas españoles*, expone paso a paso la senda que debemos seguir en el estudio semántico de ciertas construcciones del verbo con participio. Por la forma de guiarnos el autor, parece que estuviésemos asistiendo a su clase. Alonso en este estudio ha intentado establecer los métodos que este tema requiere y que sean satisfactorios. Hay tres aspectos en esta investigación de Alonso, cada uno con sus propias exigencias de método. Primero debemos aprender a recoger el material de estudio, a 'demarcar el material.'[105] En el ssegundo aspecto, Alonso señala cómo hacer una rigurosa descripción del contenido, teniendo en cuenta el punto actual de vista de los hablan-

---

[100] Ibid., 8.
[101] Rafael Lapesa, 'Amado Alonso,' *Hispania*, XXXVI (1953), núm. 1, pág. 145.
[102] Alonso, *Temas hispanoamericanos*, 38.
[103] Ibid., 319.
[104] Vossler, Op. cit., 17.
[105] Alonso, *Temas españoles*, 192.

tes.¹⁰⁶ El último aspecto es un estudio de lingüística diacrónica de estos giros de verbos con participio. La investigación aquí no se conforma con rastrear la antiguedad de la construcción, sino que estudia también cómo la estructura ha evolucionado.¹⁰⁷

Para el estudio comparativo de lenguas en su totalidad, debe entrar en cuenta la historia entera del país donde se habla o hablan tales lenguas. En esta consideración de método, Alonso ataca a Meyer-Lübke, con referencia a la polémica que sostuvo con él, y de la que resultó el estudio 'La subagrupación románica del catalán.' En la segunda parte de este estudio, Alonso está en desacuerdo con el método de Griera. Expone el grado de intervención que la geografía léxica debe tener en la comparatística.¹⁰⁸

Estas ideas, de pugna de Alonso contra la tradición establecida, o contra las ideas de filólogos tan eminentes como Meyer-Lübke, han sido parte fundamental de su obra filológica. Son también evidentes en su *Gramática castellana*, y en otro artículo, 'Por qué el lenguaje en sí mismo no puede ser impresionista' (*Temas españoles*). Este trabajo también es de polémica contra el hispanista H. Hatzfeld.

En 'Estilística y gramática del artículo en español' (*Temas españoles*), Alonso señala como los gramáticos, al tratar de hacer esquemas lógicos para un idioma, cometan a veces graves errores. No se debe tratar de hacer parejas lógicas, como se ha hecho con el artículo definido, que viene del demostrativo latino, y el indefinido. Según Alonso, el artículo indefinido no tiene valor de demostrativo, es en realidad un pronombre indefinido. En este valioso estudio, Alonso ha demostrado, con ejemplos convincentes, situaciones donde las funciones del definido no tienen pareja con el indefinido y vice versa.

En *Temas hispanoarmericanos* son varios los estudios que explican los métodos para continuar el estudio del sustrato en América. Este tema del sustrato en el español de América, según Alonso, es un estudio muy necesario e importante. En todo el ensayo 'Examen de la teoría indigenista de Rodolfo Lenz' se han incluído anotaciones sobre el método que se debe perseguir, allí donde Alonso ha creído más conveniente. Así, las tres últimas páginas constituyen una sección dedicada a las 'mínimas exigencias de método.'¹⁰⁹ Insiste Alonso sobre este punto, porque ha sido un aspecto muy descuidado.

Para la reconstrucción del hablar (sincronía) de los conquistadores en el siglo XVI, Alonso sugiere el estudio y la crítica de miles de documentos coetáneos, filológicos, literarios y no literarios, tanto de España como de las colonias americanas.¹¹⁰

Según Alonso, el ideal de la lengua, tanto el antiguo como el nuevo en una comunidad, debe constituir parte del estudio lingüístico histórico.¹¹¹

Los temas sugeridos por Alonso para futuras investigaciones conciernen estudios sobre el léxico andaluz del siglo XV, en el que deben incluirse documentos literarios; y problemas del diminutivo en español. Sobre todo espera que se completen las investigaciones insuficientes del

---

106 Ibid., 200.
107 Ibid., 226, 229.
108 Ibid., 83.
109 Alonso, *Temas hispanoamericanos*, 319.
110 Ibid., 24.
111 Ibid., 98, 107.

habla hispanoamericana en los distintos países. Cree Alonso que una contribución filológica de primer orden constituiría el ampliar las noticias lingüísticas de Valdés. Espera, igualmente, que su estudio ' "*r*" y "*l*" en España y América' estimule a investigadores a completar estudios sobre la dialectología hispanoamericana.

La lingüística también se ha beneficiado con los esfuerzos de Alonso para desenraizar prejuicios o falsas concepciones. Tales conceptos por ejemplo incluyen el entender por 'pueblo' gente ineducada; la confusión de lengua con lengua literaria; pensar que la palabra 'clásica,' con referencia a la literatura, es coeficiente de 'perfecto,' y lo que es diferente o anterior a lo perfecto resulta inmaturo, y lo que es diferente y posterior, resulta decadente o degenerado.

Concluiremos este capítulo con la forma propia de trabajar de Alonso en sus investigaciones. Varios colegas de Alonso ya han destacado este aspecto en las críticas y reseñas sobre *De la pronunciación medieval a la moderna en español*.

Es característico en Alonso empezar por examinar los antecedentes de lo que va a tratar, es decir todo material que exista sobre el tema. Luego define o fija sus conceptos cuando la situación lo requiere, y por último se pone límites al estudio. Sus exposiciones teóricas son ricas en ejemplos concretos.

El prólogo de Alonso a la gramática de Andrés Bello es un estudio que ilustra muy claramente su forma de trabajar.

Estudia las ideas gramaticales de Bello en relación al siglo, al momento histórico, en que fue concebido. Coteja las ideas de Bello con las de los siglos pasados, hasta dar con todas las influencias que hayan intervenido en ella. Examina a fondo cada idea de Bello. Y concluye con la contribución permanente de Bello, dejando de lado aquello que ya se ha superado.

Alonso resume su propio proceder de la manera siguiente:

> He situado la Análisis ideológica de Bello en su conexión histórica y la he sometido después a las exigencias de la crítica lingüística actual. Lo he hecho, huelga decirlo, aplicándole los reactivos de mis propias ideas, y de las de otros que más adhesión me merecen. Pero en seguida tengo que declarar que en lingüística, como en todas las demás ciencias del espíritu, hay mucha menor uniformidad que en las ciencias naturales en cuanto a la aceptación de los principios y de los métodos, y que hoy mismo abundan los lingüistas distinguidos que o no aceptan o sólo aceptan de mala gana otros valores que los lógico-objetivos. Su crítica de Bello sería, pues, muy diferente de la mía. Mi crítica misma acepta la legitimidad metódica de perseguir en un sistema de los tiempos verbales valores exclusivamente fechadores; sólo que la acepta como limitación voluntaria.[112]

Rastrear por la historia un tema para dar con sus fuentes originarias es una forma básica del trabajo de Alonso. Otro ejemplo que se destaca está en Saussure. Alonso ha encontrado que las antinomias de Saussure, como conjunto y estilo mental, proceden de Hegel, a través del lingüista hegeliano Victor Henry.[113] Esclarece, además, que la distinción sistemática y precisa entre lingüística sincrónica y diacrónica se debió anteriormente al filósofo checo T. G.

---

[112] Alonso, 'Introducción ... Andrés Bello,' pág. lxxiv..
[113] Saussure, Op. cit., pág. 10 nota al pie.

Masaryk: 'Pero aunque algunos lingüistas checos hayan seguido directamente a Masaryk, la introducción de estsos conceptos rigurosos en el campo de la lingüística es obra de Saussure que sin duda los elaboró independientemente.'[114]

---

[114] Ibid., 13 nota al pie.

# *Capítulo VI: La escuela española lingüística y su relación a Amado Alonso*

La escuela de filología y de lingüística española se formó a principios del siglo XX. Comienza cuando ya los demás países europeos tenían la tradición de las investigaciones científicas de los comparatistas, historicistas y neogramáticos. Surge, pues, la escuela lingüística española como un fenómeno, 'un repentino florecimiento' como lo llama Alonso, gracias a la dirección e impulso de su fundador Ramón Menéndez Pidal.

Amado Alonso recibió su formación en el seno de esta escuela. Lo une a ella su concepción fundamental del lenguaje.

En grandes rasgos vamos a ver las ideas básicas que forman esta concepción del lenguaje.

La lengua es considerada como un sistema coherente y unitario. Es un instrumento heredado de una comunidad lingüística, que incluye las experiencias de muchas generaciones precedentes.[1] La lengua se concreta en un sistema limitado de signos.

El hablante hereda de la comunidad este instrumento, pero 'la lengua no encierra previamente en un sistema el pensamiento concreto que por su intermedio voy ahora articulando,' aunque influye en la formación del pensamiento.[2] La lengua materna ejerce una influencia fundamental sobre nuestro espíritu, no sólo a través del inmenso caudal de las obras literarias, sino también por su forma interior peculiar.[3]

La tradición es la única ley que gobierna el lenguaje.[4] El valor de todos y de cada uno de los términos de una lengua se halla motivado en última instancia por el uso y el consenso generales.[5]

La escuela española está de acuerdo con Saussure al ver a la lengua como sistema expresivo total que vive en la totalidad de los individuos.[6] El habla en cambio, es el empleo aislado que el individuo hace de la lengua.[7] El individuo es el agente creador del lenguaje, la colectividad lo recrea.[8]

Nuestras hablas particulares se ajustan en lo posible al modelo ejemplar y superior de la lengua general.[9] La sociedad misma nos impone una norma tradicional común, para limitar nuestra imaginación.[10] Normas diversas conviven en una misma comunidad, por ejemplo los

---

[1] Diego Catalán Menéndez-Pidal, *La escuela lingüística española y su concepción del lenguaje* (Madrid: Editorial Gredos, 1955), págs. 13, 14.
[2] Ibid., 16.
[3] Ibid., 15.
[4] Ibid., 17.
[5] Ibid.
[6] Ibid., 21.
[7] Ibid.
[8] Ibid., 33.
[9] Ibid., 22.
[10] Ibid.

diferentes lenguajes profesionales o de grupos de minoría.[11] Estas normas dispares viven en constante pugna; hay puristas que guardan la tradición y hay otros que abren caminos nuevos con los neologismos.[12]

Por su estructura el lenguaje es constante actividad, es 'enérgeia,' evolucionando sin cesar.[13] La lengua nunca permanece fija. La evolución es su rasgo esencial.[14]

La voluntad expresiva es la causa de los cambios lingüísticos. Todo cambio supone una creación individual que luego se generaliza.[15] La colectividad crea mediante iniciativas múltiples, continuándolas y retocándolas hasta que se generalizan.[16]

El individuo jamás renuncia del todo a su individualidad, de modo que entre lo convencional siempre asoma lo personal, alterándolo.[17] La vida del lenguaje está regida por la invención y el recuerdo: 'cada hablante moldea los materiales que en su memoria ha depositado la tradición; los transforma, ajustándolos al estímulo expresivo que le mueve a hablar.'[18]

> Los cambios que se produzcan en el lenguaje, siendo este un hecho humano, serán siempre debidos a la iniciativa de un hombre, de un individuo que, al desviarse de lo habitual, logra la adhesión, o la imitación de otros, y éstos logran la de otros.[19]

Un rasgo esencial del cambio lingüístico es la lentitud.[20] Dice Pidal:

> Un cambio fonético, o sintáctico, o léxico no suele ser nunca obra exclusiva de las tres o cuatro generaciones en que, de un modo arbitrario, se considera dividida la población convivente, sino que es producto de una idea o un gusto tradicional que persiste a través de muchas generaciones de hablantes.[21]

El cambio individual al social es sumamente lento.[22] La propagación de un cambio está sujeto a condiciones muy diversas, a fuerzas de signo contrario que influyen en cada momento en su suerte; pero todas estas tendencias que luchan y se contraponen actúan socialmente.[23]

Los métodos de investigación que Pidal había formulado y los que había renovado son en los que Alonso se apoya para sus investigaciones.

El método cronológico-geográfico ha sido aprovechado por Alonso en su obra magna *De la pronunciación medieval a la moderna en español* (1955).

Amado Alonso por su concepción del lenguaje y por sus métodos científicos pertenece a la escuela lingüística española. Su personalidad y sus intereses lo han llevado a profundizar más en ciertos aspectos del lenguaje que en otros. Lapesa ha llamado la atención a un aspecto de

---

[11] Ibid., 27.
[12] Ibid., 29.
[13] Ibid., 57.
[14] Ibid., 50.
[15] Ibid., 38.
[16] Ibid., 42.
[17] Ibid., 51.
[18] Ibid., 64.
[19] Ibid., 65.
[20] Ibid., 67.
[21] Ibid., 83.
[22] Ibid., 86.
[23] Ibid., 104.

## CAPÍTULO VI: LA ESCUELA ESPAÑOLA LINGÜÍSTICA Y SU RELACIÓN A AMADO ALONSO

notable valor en la obra de Alonso: su esfuerzo por remediar la falta de estudios teóricos en la escuela lingüística española. 'Salvo casos excepcionales, como los postreros capítulos de los *Orígenes del Español* de Menéndez Pidal, nuestros filólogos se habían dedicado con preferencia a reunir datos y reconstruir hechos, sin conceder atención suficiente a preocupaciones teóricas.'[24]

Alonso trató de despertar la inquietud por problemas doctrinales de varias maneras, en los estudios propios y dando a conocer con sus traducciones obras clásicas de la filosofía y teoría del lenguaje, como las de Saussure, Bally y Vossler principalmente. Añade Lapesa:

> Gracias a él se incorporaron también al acervo teórico de nuestros lingüistas la estilística de Vossler y Spitzer y la de Bally, los conceptos fundamentales establecidos por Saussure, y, últimamente la fonología estructural.[25]

---

[24] Rafael Lapesa, 'Amado Alonso,' *Hispania*, XXXVI (1953), núm. 1, pág. 146.
[25] Ibid.

# *Conclusión*

Hemos visto en la obra de Amado Alonso, desde el primer momento en que entramos en contacto con ella, la íntima relación que la literatura guarda con la lengua y con los estudios lingüísticos. Amplitud de intereses, todos ellos unidos por la Filología.

En el campo lingüístico, Alonso ha podido discernir en las obras de otros filólogos lo que éstas poseían de valor permanente, y lo que ya se había superado en ellas, incorporando lo valioso de cada una al progreso de la ciencia.

Alonso ha suministrado conocimientos donde eran muy necesarios, en la teoría y en la filosofía del lenguaje, llenando la falta de esta clase de estudios en la escuela lingüística española.

Otra gran aportación que Alonso ha traído al progreso de la lingüística es haber incorporado los conocimientos de filósofos contemporáneos, como Husserl, Bergson, Pfänder y otros.

En las ideas sobre lingüística general, hemos podido observer la inquietud de Alonso por la busca de conceptos fundamentales de los hechos, tal como la forma interior del lenguaje.

Para la investigación científica, Alonso ha establecido métodos adecuados y ha señalado campos de investigaciones futuras.

Sus ideas pedagógicas tienen importantes implicaciones en la enseñanza de lenguas extranjeras en los Estados Unidos. Este interesante aspecto de la obra de Alonso estudiaré próximamente.

Las ideas filológicas y lingüísticas fundamentales de Alonso son también las de la escuela lingüística española. Esta escuela ha realizado obras monumentales en este siglo.

Alonso dentro de la escuela lingüística española ha formado su propia escuela, con numerosos discípulos, filólogos que ocupan hoy día cargos de importancia: Raimundo Lida, como director del departamento de español en la Universidad de Harvard; Ángel Rosenblat, catedrático de la Universidad Central de Venezuela; Antonio Alatorre, en Méjico, director de la *Nueva Revista de Filología Hispánica*, fundada por Alonso como una continuación a la *Revista de Filología Hispánica*; y otros más.

Para una historia de la filología, estudios como el presente serán imprescindibles. Sin recelo alguno, se puede afirmar que Amado Alonso quedará en ella como una figura eminente del siglo XX.

# Bibliografía

## OBRAS CITADAS

### LIBROS:

Alonso, Amado. *De la pronunciación medieval a la moderna en español*. Madrid: Editorial Gredos, 1955.
\_\_\_\_\_. *El problema de la lengua en América*. Madrid: Espasa-Calpe, 1935.
\_\_\_\_\_. *Estudios lingüísticos. Temas españoles*. 2da edición. Madrid: Editorial Gredos, 1961.
\_\_\_\_\_. *Estudios lingüísticos. Temas hispanoamericanos*. 2da edición. Madrid: Editorial Gredos, 1961.
\_\_\_\_\_. *La Argentina y la nivelación del idioma*. Buenos Aires: Institución Cultural Española, 1943.
\_\_\_\_\_. *Materia y forma en poesía*. 2da edición. Madrid: Editorial Gredos, 1960.
\_\_\_\_\_. y Henríquez Ureña, Pedro. *Gramática castellana*. Primer y segundo curso. 23a edición. Buenos Aires: Editorial Losada, S.A., 1966.
Bally, Charles. *El lenguaje y la vida*. Traducción de Amado Alonso. 4ta edición. Buenos Aires: Editorial Losada, S.A., 1962.
Bleiberg, Germán, y Marías, Julián, directores. *Diccionario de literatura española*. 3rd edición. Madrid: Revista de Occidente, 1964.
Catalán Menéndez-Pidal, Diego. *La escuela lingüística española y su concepción del lenguaje*. Madrid: Editorial Gredos, 1955.
Giraud, Pierre. *La estilística*. 2da edición. Traducción del francés por Marta G. de Torres Agüero. Buenos Aires: Editorial Nova, 1960.
Pei, Mario. *Glossary of Linguistic Terminology*. New York: Columbia University Press, 1966.
Saussure, Ferdinand de. *Curso de lingüística general*. 5ta edición. Traducción, prólogo y notas de Amado Alonso. Buenos Aires: Editorial Losada, S.A., 1965.
Vossler, Karl. *Filosofía del lenguaje*. 3ra edición. Traducción y notas de Amado Alonso y Raimundo Lida. Prólogo de Amado Alonso. Buenos Aires: Editorial Losada, S.A., 1957

### ARTÍCULOS:

Alonso, Amado. 'El lenguaje artístico.' *La Nación*, 11 de octubre, 1936.
\_\_\_\_\_. 'El porvenir de nuestra lengua.' *Sur*, núm. 8 (1933): 141–150.
\_\_\_\_\_. 'Introducción a los estudios de Andrés Bello.' *Obras Completas de Andrés Bello*, IV (1951): ix-lxxxvi.
\_\_\_\_\_. 'Lingüística espiritualista.' *Síntesis*, I (1928), núm. 8: 227–236.
Alonso, Dámaso. 'Amado Alonso ante la muerta.' *Ínsula*, VII (1952), núm. 78: 1–2.
\_\_\_\_\_. 'Noticia biográfica de Amado Alonso.' *Ínsula*, VII (1952), núm. 78: 2.

'Bibliografía de Amado Alonso.' *Nueva Revista de Filología Hispánica*, VII (1953): 3–15.
Carilla, Emilio. 'Amado Alonso en la Argentina.' *Cuadernos Hispanoamericanos*, XVIII (1954): 369–376.
Clavería, Carlos. 'Amado Alonso.' *Clavileño*, Año III (mayo-junio, 1952), núm. 15: 51.
Lapesa, Rafael. 'Amado Alonso.' *Hispania*, XXXVI (1953): 145–147.
_____. 'Su última lección.' *Clavileño*, Año III (mayo-junio, 1952), núm. 15: 51.
Lida, María Rosa. 'Amado Alonso.' *Ínsula*, VII (1952), núm. 78: 3, 11.
Menéndez Pidal, Ramón. 'Amado Alonso.' *Ínsula*, VII (1952), núm. 78: 1.
Muñoz Cortés, Manuel. 'Vida y obra.' *Clavileño*, XV (1952): 53–56.
Rosenblat, Ángel. 'Amado Alonso.' *Cultura Universitaria*, XXXI (1952): 61–72.
Schiaffini, Alfredo. 'El lenguaje en la estética de Croce.' *Nueva Revista de Filología Española*, VII (1953): 17–22.
Terracini, Benvenuto. 'Parentesco lingüístico. Contribución a la historia de un concepto.' *Nueva Revista de Filología Española*, VII (1953): 23–33.
Uitti, Karl D. 'Problems in Hispanic and Romance Linguistics.' *Hispanic Review*, XXXIV (1966): 242–255.

## Reseñas:

Araya, G. Reseña sobre *De la pronunciación medieval a la moderna en español*, tomo I, de Amado Alonso. *Anales de la Universidad de Chile*, Vol. 104 (1956), núm. 3: 262–264.
Canfield, D. L. Reseña sobre *De la pronunciación medieval a la moderna en español*, tomo I, de Amado Alonso. *Hispania*, XXXVIII (1955): 375–377.
Carrión Ordóñez, E. Reseña sobre *Estudios lingüísticos. Temas hispanoamericanos* de Amado Alonso. *Boletín del Instituto Riva Agüero*, núm. 2 (1953–1955): 247–254.
Crawford, Wickersham. Reseña sobre *Castellano, español, idioma nacional* de Amado Alonso, *Hispanic Review*, Vol. 7 (1939): 90.
Duncan, R. M. Reseña sobre *Estudios lingüísticos. Temas españoles* de Amado Alonso. *Symposium*, Vol. 7 (1953), núm. 1: 181–186.
Entwistle, W. J. Reseña sobre *Estudios lingüísticos. Temas españoles* de Amado Alonso. *Modern Language Review*, XLVII (1952): 595.
Espinosa, N. H. Reseña sobre *Estudios lingüísticos. Temas españoles* de Amado Alonso. *Filología*, III (1951): 217–221.
Kiddle, L. B. Reseña sobre *De la pronunciación medieval a la moderna en español*, tomo I, de Amado Alonso. *Hispanic Review*, XXVI (1958): 349–353.
Lorenzo, E. Reseña sobre *De la pronunciación medieval a la moderna en español*, tomo I, de Amado Alonso. *Arbor*, XXX (1955): 635–636.
Malkiel, Y. Reseña sobre *De la pronunciación medieval a la moderna en español*, tomo I, de Amado Alonso. *Romance Philology*, IX (1955–1956): 237–252.

Morínigo, M. Reseña sobre *Estudios lingüísticos. Temas hispanoamericanos* de Amado Alonso. *Revista Hispánica Moderna*, XXI (1955): 140–141.

Prieto, L. J. Reseña sobre *De la pronunciación medieval a la moderna en español*, tomo I, de Amado Alonso. *Word*, XIV (1958): 391–393.

Roggiano, A. Reseña sobre *Estudios lingüísticos. Temas españoles*, de Amado Alonso. *Filología*, III (1951): 217–221.

Sturcken, H. T. Reseña sobre *De la pronunciación medieval a la moderna en español*, tomo I, de Amado Alonso. *Books Abroad*, XXXI (1957): 358.

Wartburg, W. von. Reseña sobre *Estudios lingüísticos. Temas españoles* de Amado Alonso. *Zeitschrift für Romanische Philologie*, LXX (1954): 423–425.

## OBRAS CONSULTADAS

### LIBROS:

Alonso, Amado. *Castellano, español, idioma nacional.* 3ra edición. Buenos Aires: Edición Losada, S.A., 1958.

_____. *Ensayo sobre la novela histórica. El modernismo en 'La gloria de don Ramiro,'* Colección de Estudios Estilísticos, Vol. III. Buenos Aires: Instituto de Filología, 1942.

_____, Charles Bally, Lida Raimundo y Elise Richter. *El impresionismo en el lenguaje.* Traducción, notas y guías de Amado Alonso y Raimundo Lida. Colección de Estudios Estilísticos, Vol. III. Buenos Aires: Instituto de Filología, 1936.

Alonso, Martín. *Evolución sintáctica del español.* 2da edición. Madrid: Aguilar, S.A., 1964.

Auerbach, Erich. *Introduction to Romance Languages and Literature.* New York: Capricorn Books, 1961.

Croce, Benedetto. *Aesthetic.* Traducido del italiano por Douglas Ainslie. New York: The Noonday Press, 1966.

Chomsky, Noam. *Cartesian Linguistics.* New York: Harper and Row, 1966.

Díaz, José Simón. *Manual de bibliografía de la literature española.* Barcelona: Editorial Gustavo Gili, S.A., 1963.

Dufrenne, Mikel. *Language and Philosophy.* Bloomington: Indiana University Press, 1963.

Elcock, W. B. *The Romance Languages.* New York: McMillan, 1960.

Ferrater Mora, José. *Diccionario de filosofía.* Tomo I y II. 5ta edición. Buenos Aires: Editorial Sudamericana, 1965.

Hall, Robert A., Jr. *Linguistics and your Language.* 2nd edition. New York: Doubleday and Company, 1960.

Hatzfeld, Helmut; Spitzer, Leo; y Vossler, Karl. *Introducción a la estilística romance.* Traducción, notas y guías de Amado Alonso y Raimundo Lida. Prólogo de Amado Alonso. Colección de Estudios Estilísticos, I. Buenos Aires: Instituto de Filología, 1932.

Menéndez Pidal, Ramón. *Orígenes del español.* 2da edición. Madrid: Casa Editorial Hernando, S.A., 1929.

Politzer, Robert L., and Staubach, Charles N. *Teaching Spanish, a Linguistic Orientation*. New York: Blaisdell, 1961.

Quilis, Antonio. *Cuadernos bibliográficos X*. Madrid: Consejo Superior de Investigaciones Científicas, 1963.

Rivers, Wilga M. *The Psychologist and the Foreign Language Teacher*. Chicago: The University of Chicago Press, 1965.

Rohlfs, Gerhard. *Manual de filología hispánica*. Traducción del alemán por Carlos Patiño Rosselli. Bogotá: Editoriales de la librería Voluntad Limitada, 1957.

Sapir, Edward. *Language*. New York: Harcourt, Brace and World, Inc., 1949.

Serís, Homero. *Manual de bibliografía de la literatura española*. Syracuse: Centro de Estudios Hispánicos, 1948.

Spitzer, Leo. *Lingüística e historia literaria*. Madrid: Editorial Gredos, 1955.

Vossler, Karl. *Espíritu y cultura en el lenguaje*. Traducción de Aurelio Fuentes Rojo. Madrid: Ediciones Cultura Hispánica, 1959.

Warren, Austin and Wellek, René. *Theory of Literature*. 3rd revised edition. New York: Harcourt, Brace and World, Inc., 1956.

Waterman, John T. *Perspectives in Linguistics*. Chicago: the University of Chicago Press, 1963.

Wellek, René. *Concepts of Criticism*. New Haven: Yale University Press, 1965.

## ARTÍCULOS:

Alonso, Amado. 'Aparición de una novelista.' *Nosotros*, I (1936): 241–256.
   Este mismo artículo sirve de introducción a la novela de María Luisa Bombal, *La última niebla*. 3ra edición. Santiago: Editorial Nascimiento, S.A., 1962.

_____. 'Crónica de los estudios de filología española, 1914–1924.' *Revue de Linguistique Romane*, I (1925): 171–180.

_____. 'Español *como que y cómo que*.' *Revista de Filología Española*, XII (1925): 133–156.

_____. 'Historia artística e historia científica.' *Verbum*, XXIII (1930): 463–472.

_____. 'Lo picaresco en la picaresca.' *Verbum*, XXII (1929): 321–338.

_____. 'No nos lo merecemos, no.' *Nosotros*, III (1937): 414–417.

_____. 'Réplica a O. J. Tallgren.' *Revista de Filología Española*, XIV (1927): 72–73.

_____. 'Un pasaje de La pícara Justina.' *Revista de Filología Española*, XII (1925): 179–180.

Alonso, Dámaso. 'Menéndez Pidal y la lingüística española.' *Ínsula*, XIV (1959), núm. 157: 1, 4.

_____. 'Necrología de Amado Alonso.' *Revista de Filología Española*, XXXVI (1952): 204–208.

Torre, Guillermo de. 'Menéndez Pidal.' *Ínsula*, XIV (1959), núm. 157: 3.

Twaddell, Freeman. 'Developing Cultural Awareness.' *Modern Language Journal*, I (1966), no. 6: 351.

**Reseñas:**

Alonso, Amado. Reseña sobre Cien de las mejores poesías castellanas de P. Henríquez Ureña. *Revista de Filología Española*, XIX (1932): 433–434.

―――. Reseña sobre *¿Foi Eça de Queiroz um plagiador?* de C. Basto. *Revista de Filología Española*, XII (1925): 200.

Carballo y Picazo, A. Reseña sobre *Estudios Lingüísticos. Temas hispanoamericanos* de Amado Alonso. *Clavileño*, IV (1953): 97–98.

Galmés de Fuentes, A. Reseña sobre 'Las correspondencias arábigo-españolas en los sistemas de sibilantes' y sobre 'Árabe st>esp. ç—Esp. st> árabe ch' de Amado Alonso. *Al-Andalus*, XIII (1948): 240–245.

Muñoz Cortés, M. Reseña sobre *Castellano, español, idioma nacional* de Amado Alonso. *Revista de Filología Española*, XXIX (1945): 361–366.

**Revistas:**

*Bibliographie Linguistiue*. Volúmenes 1959–1964 (1961–1966).
   Annual publication of the Permanent International Committee of Linguists under the auspices of the International Council for Philosophy and Humanistic Studies, and of the Netherlands Organization for the Advancement of Pure Research (Utrecht).

*Nueva Revista de Filología Hispánica*. XIV-XVII (1960–1964).

*Publications of the Modern Language Association of America*. Volúmenes 50–70 (1935–1956).

*Revista de Filología Española*. XIV-XVII (1924–1932), XXXII (1948), XXXXII-XXXXVIII (1958–1965).

*Romance Philology*. I-X (1947–1957).

## Apéndice: Bibliografía de Amado Alonso

a) *Bibliografía de Amado Alonso. Homenaje de sus discípulos.* –Imprenta Coni, Buenos Aires, 1946. 46 págs + un retrato [Contiene una pequeña biografía, una semblanza por María Rosa Lida y una lista de 154 de los trabajos de Amado Alonso].

b) 'Bibliografía de Amado Alonso, *Addenda*,' por A[na] M[aría] B[arrenechea]. – *Buenos Aires Literaria*, I, núm. 1, octubre de 1952: 8–10. [Contiene 28 adiciones a la *Bibliografía* precedente].

### 1922

1. 'Augustu *agosto* y auguriu *agüero*.' Madrid: *Revista de Filología Española*, IX, 1922: 69–72.

### 1923

2. 'Consonantes de timbre sibilante en el dialecto vasco baztanés.: — *Tercer Congreso de Estudios Vascos*, San Sebastián, 1923: 57–64.

### 1925

3. 'Crónica de los estudios de filología española, 1914–1924.' Paris, *Revue de Linguistiue romane*, I, 1925: 171–180 [fonética descriptiva, prosodia y ortografía, historia de los estudios fonéticos en España] y 329–347 [fonética histórica].
4. ,El grupo *tr* en España y América.' Madrid, *Homenaje a Menéndez Pidal*, II, 1925: 167–191.
5. 'Español *como que* y *cómo que*.' Madrid, *Revista de Filología Española*, XII, 1925: 133–156.
6. 'Un pasaje de *La pícara Justina*.' Madrid, *Revista de Filología Española*, XII, 1925: 179–180.
7. Sobre: C. Basto, Foi Eça de Queiroz um plagiador? Madrid, *Revista de Filología Española*, XII, 1925: 200.

### 1926

8. 'La subagrupación románica del catalán.' Madrid, *Revista de Filología Española*, XIII, 1926: 1–38 [I. Los métodos] y 225–261 [II. La geografía léxica]. [Forma parte del libro *Estudios lingüísticos. Temas españoles*]. – Véase núm. 181.
9. Sobre: Ramón Menéndez Pidal, *Poesía juglaresca y juglares*. Madrid, *Revista de la Biblioteca, Archivo y Museo* [del Ayuntamiento de Madrid], III, 1926: 377–380.

### 1927

10. 'Réplica a O. J. Tallgren.' Madrid, *Revista de Filología Española*, XIV, 1927: 72–73. [Sobre un reparo de Tallgren en su reseña del núm. 8, publicada en Helsinki, *Neuphilologische Mitteilungen*, XXVIII, 1927: 54–60.

11. 'Reconciliación con la fonética.' Buenos Aires, *Boletín del Insitituo de Filología*, I, 1927: 227–235.

**1928**

12. 'Estructura de las *Sonatas* de Valle-Inclán.' Buenos Aires, *Verbum*, XXI, 1928: 7–42. – Véase núm. 200.
13. 'Lingüística e historia.' La Plata, *Humanidades*, XVIII, 1928: 29–38.
14. 'Lingüística espiritualista.' *Síntesis*, I, 1928, núm. 8: 227–236.

**1929**

15. 'Lo picaresco en la picaresca.' *Verbum*, XXII, 1929: 321–338. [Publicado también, junto con otras conferencias, por el Club Español de Buenos Aires, 1929: 84–105, con el título 'Lo picaresco en la novela picaresca'].
16. 'Jorge Guillén, poeta esencial.' Buenos Aires, *La Nación*, 21 de abril de 1929. [Estudio estilístico. Reproducido en *Ínsula*, IV, 1949, núm. 45] Véase núm. 200.
17. 'La filología del señor Costa Álvarez y la filología.' *Síntesis*, II, 1929, núm. 23: 125–141. [Artículo de polémica].
18. 'Sobre el difunto Costa Álvarez.' *Síntesis*, III, 1929, núm. 26: 175–178. [Artículo de polémica].
19. 'Paul Groussac, estilista.' *Síntesis,* III, 1929, núm. 27: 327–341. Véase núm. 200.
20. 'Llega a ser lo que eres.' Buenos Aires, *La Nación*, 22 de septiembre de 1929. [Sobre la unidad de la lengua en España y la América española]. Véase núm. 50.

**1930**

21. *Estudios sobre el español de Nuevo Méjico*, en colaboración con Aurelio M. Espinosa y Ángel Rosenblat, Vol. I, Instituto de Filología, Buenos Aires, 1930, y *Problemas de dialectología hispanoamericana*. Buenos Aires: *Biblioteca de Dialectología Hispanoamericana*, 1930, I: 317–469. Véase núm. 71.
22. 'Ciencia y sensacionalismo.' Buenos Aires, *La Nación*, 4 de abril de 1930. [Sobre un libro de Julio Cejador].
23. 'Un problema estilístico en *Don Segundo Sombra*.' Buenos Aires, *La Nación*, 27 de Julio de 1930. Véase núms. 32 y 200.
24. 'Para la lingüística de nuestro diminutivo.' Buenos Aires, *Nosotros*, 1930, núm. 21: 35–41. [Notas de geografía lingüística.]
25. 'Sobre el estudio del género gauchesco.' Buenos Aires, *Azul*, I, 1930: 41–44.
26. 'El problema de lo correcto visto desde la Argentina.' Buenos Aires, *La Obra*, noviembre de 1930: 725–726.

27. 'Historia artística e historia científica.' Buenos Aires, *Verbum*, XXIII, 1930: 463–472. [A propósito de *La España del Cid* de Menéndez Pidal, y de ideas de Ortega y Gasset.]

## 1931

28. 'Estilística y gramática del artículo.' Buenos Aires, *Azul*, II, 1931: 5–13. [Algunas notas que luego reelaboró en el artículo de Hamburg: *Volkstum und Kultur der Romanen*, y que pasaron al libro *Estudios lingüísticos. Temas españoles*.] Véase núms. 39, 64 y 181.
29. *Prólogo* al libro de Marcos A. Morínigo, *Hispanismos en el guaraní*, Buenos Aires: Instituto de Filología, 1931. [Establece un paralelo entre la historia de la *ll* adoptada del español por los guaraníes y la antigua historia de la *f* adoptada del latín por los ibéricos].

## 1932

30. *Prólogo* al libro de K. Vossler, L. Spitzer y H. Hatzfeld, *Introducción a la estilística romance*. Trad., notas y guías de Amado Alonso y Raimundo Lida. Buenos Aires: Instituto de Filología, 1932. (*Colección de estudios estilísticos*, Vol. I) [Segunda edición, 1942.]
31. 'El problema argentino de la lengua.' Buenos Aires, *Sur*, 1932, núm. 6: 124–178. [Refundido posteriormente en Buenos Aires, *Cursos y Conferencias*, e incluído luego en *El problema de la lengua en América*.] Véase núms. 47 y 48.
32. '*Don Segundo Sombra*. Un problema de estilística.' Buenos Aires, *Revista Jurídica y de Ciencias Sociales*, XLIX, 1932, núm. 2: 12–25. [Versión taquigráfica de una conferencia pronunciada el 30 de julio de 1932 en el Centro de Estudiantes de Derecho y Ciencias Sociales. Es artículo distinto del núm. 23.]
33. 'Estilística de las fuentes literarias: Rubén Darío y Miguel Ángel.' Buenos Aires, *La Nación*, 25 de septiembre de 1932. [Reproducido en Lima, *Mar del Sur*, VIII, 1952, núm. 22: 1–10.] Véase núm. 200.
34. 'Karl Vossler.' Buenos Aires, *La Nación*, 13 de noviembre de 1932. [Un esquema de su filosofía del lenguaje.] Véase núm. 99 y 124.
35. 'El artículo determinante.' Buenos Aires, *Cursos y Conferencias*, II, 1932: 407–428. [Exposición del tema por la alumna Aida Barbagelatta, según notas tomadas en las clases de Amado Alonso.]
36. Sobre: Pedro Henríquez Ureña, *Cien de las mejores poesías castellanas*. Madrid, *Revista de Filología Española*, XIX, 1932: 433–434.

## 1933

37. 'Intereses filológicos e intereses académicos en el estudio de la lengua.' Buenos Aires, *Boletín de la Academia Argentina de Letras*, I, 1933: 7–14. [Fue reproducido en Medellín, *Universidad de Antioquía*, III, 1937: 95–100 y forma parte, con algunos retoques, del libro *La Argentina y la nivelación del idioma*.] Véase núm. 135.

38. 'Ruptura y reanude de la tradición idiomática en América.' Buenos Aires, *Boletín de la Academia Argentina de Letras*, I, 1933: 137–149. [Reproducido en Buenos Aires, *Cursos y Conferencias*, IV, 1934: 513–524, y reelaborado en *El problema de la lengua en América*.] Véase núm. 48.
39. 'Estilística y gramática del artículo en español.' Hamburg, *Volkstum und Kultur der Romanen*, VI, 1933: 189–209. [Reproducido en México, D. F., Investigaciones Lingüísticas, II, 1934: 144–159, e incluído en *El artículo y el diminutivo* y en *Estudios lingüísticos. Temas españoles*.] Véase núms. 28, 64 y 181.
40. 'Cómo se contrasta una etimología.' Buenos Aires, *La Nación*, 15 de febrero de 1933. [Sobre fórmulas populares de tratamiento y la etimología de *ña, ño(r)*].
41. 'Balance de una exposición.' Buenos Aires, *La Nación*, 25 de junio de 1933. [Sobre la Exposición del libro español en Buenos Aires.]
42. 'El porvenir de nuestra lengua.' Buenos Aires, *Sur*, 1933, núm. 8: 141–150.
43. 'Preferencias mentales en el habla del gaucho.' Buenos Aires, *Nosotros*, LXXX, 1933: 113–132. [Una investigación sobre la 'forma interior del lenguaje' de los argentinos. Reproducido en Buenos Aires, *Cursos y Conferencias*, IV, 1934: 1027–1049. Reelaborado en *El problema de la lengua en América*.] Véase núm. 48.
44. 'Discusión sobre Jorge Luis Borges.' Buenos Aires, *Megáfono*, núm. 11, agosto de 1933: 19. [Notas sobre el estilo de Borges.]
45. Sobre: N. L. Willey, *'C' and 'z' in American Spanish*. Madrid, *Revista de Filología Española*, XX, 1933: 68–75.

## 1934

46. 'Karl Vossler y Lope de Vega.' Buenos Aires, *La Nación*, 11 de marzo de 1934. Véase núm. 200.
47. 'El problema argentino de la lengua.' Buenos Aires, *Cursos y Conferencias*, IV, 1934: 401–413. [Incluído en *El problema de la lengua en América*.] Véase núms. 31 y 48.

## 1935

48. *El problema de la lengua en América*. Madrid: Espasa-Calpe, 1935. Véase núms. 31, 38, 43, 47 y 50.
49. 'Noción, emoción, acción y fantasía en los diminutivos.' Hamburg, *Volkstum und Kultur der Romanen*, VIII, 1935: 104–125. [Incluído en El artículo y el diminutivo y en *Estudios lingüísticos. Temas españoles*.] Véase núms. 64 y 181.
50. 'Hispanoamérica, unidad cultural.' Buenos Aires, *Cursos y Conferencias*, V, 1935: 807–815. [Es el mismo artículo de Buenos Aires, *La Nación*, 'Llega a ser lo que eres,' con importantes variantes, incluído en *El problema de la lengua en América*.] Véase núms. 20 y 48.

51. 'Caducidad y perennidad en la poesía de Lope.' Buenos Aires, *La Nación*, 25 de agosto de 1935. [Incluído en el opúsculo *Vida y creación en la lírica de Lope*.] Véase núms. 65 y 200.

52. 'Don Salvador de Madariaga.' Buenos Aires, *Sur*, 1935, núm. 10: 105–106.

53. 'Borges, narrador.' Buenos Aires, *Sur*, 1935, núm. 14: 105–115. [Estudio estilístico sobre la *Historia universal de la infamia* de Jorge Luis Borges.] Véase núm. 200.

54. Sobre: Ricardo Güiraldes, *Das Buch vom Gaucho Sombra*, trad. De H. Ollerich. Buenos Aires, *Sur*, 1935, núm. 10: 101–104.

55. Sobre: Anita C. Post, *Southern Arizona Spanish phonology*. Madrid, *Revista de Filología Española*, XXII, 1935: 67–72.

## 1936

56. *El impresionismo en el lenguaje*, por Charles Bally, Elise Richter, Amado Alonso y Raimundo Lida. Advertencia de Amado Alonso. Trad., notas y guías de Amado Alonso y Raimundo Lida. Buenos Aires: Instituto de Filología, 1936: 121–251. (*Colección de estudios estilísticos*, Vol. II). [Segunda edición, 1942, págs. 133–264, *El concepto lingüístico de impresionismo*, por Amado Alonso y Raimundo Lida.] Véase núm. 91.

57. 'Castellano y español.' Buenos Aires, *La Nación*, 26 de julio de 1936. Véase núm. 69.

58. 'El ideal artístico de la lengua y la dicción en el teatro.' Buenos Aires, *Cuadernos de Cultura Teatral del Inst. Nacional de Estudios de Teatro*, 1936. [Forma parte, con algunos retoques, del libro *La Argentina y la nivelación del idioma*.] Véase núms. 135 y 200.

59. 'Vida y creación en la lírica de Lope.' Madrid, *Cruz y Raya*, 1936, núm. 34: 65–106. [Hay tirada aparte: Madrid, 1936. Incluído luego en un opúsculo del mismo título.] Véase núms. 65 y 200.

60. 'Plan expositivo de la fonética dialectal.' Buenos Aires, *Boletín de la Academia Argentina de Letras*, IV, 1936: 63–68. [Reproducción parcial de la reseña sobre A. C. Post.] Véase núm. 55.

61. 'El lenguaje artístico.' Buenos Aires, *La Nación*, 11 de octubre de 1936.

62. 'Alfonso Reyes.' Buenos Aires, *Sur*, 1936, núm. 23: 120–123. Véase núm. 200.

63. 'Aparición de una novelista.' Buenos Aires, *Nosotros*, I, 1936: 241–256. [Estudio estilístico de *La última niebla*, de María Luisa Bombal.]

## 1937

64. *El artículo y el diminutivo*. Prólogo de Norberto Pinilla. Santiago: Ediciones de la Universidad de Chile, 1937. [Los dos estudios que integran este opúsculo fueron incluídos después en *Estudios lingüísticos. Temas españoles*.] Vease núms. 28, 39, 49 y 181.

65. *Vida y creación en la lírica de Lope*. Santiago, 1937. [Se reúnen aquí dos artículos anteriores.] Véase núms. 51 y 59.

66. 'El idioma español en los ideales del siglo XVI.' La Habana, *Universidad de la Habana*, V, 1937, núm. 15: 32–48.

67. 'No nos lo merecemos, no.' Buenos Aires, *Nosotros*, III, 1937: 414–417. [Sobre la expansión de la lengua española y su estudio por los filólogos.]
68. 'Rodolfo Lenz y la fonética del castellano.' Santiago: *Anales de la Facultad de Filosofía y Educación*, II, 1937–1938, núm. 1: 11–17.

## 1938

69. *Castellano, español, idioma nacional. Historia espiritual de tres nombres.* Buenos Aires: Instituto de Filología, 1938. [Segunda edición: Buenos Aires: Editorial Losada, 1943. (*Bibl. Contempóranea*, Vol. 101); 3a ed., Ibid, 1949.]
70. *Gramática castellana. Primer curso.* (En colaboración con Pedro Henríquez Ureña.) Buenos Aires: Editorial Losada, 1938. [Segunda edición, 1941; 3a. ed., 1943; 4a. ed., 1943; 5a. ed., 1945; 6a. ed., 1946; 7a. ed., 1947; 8a. ed., 1949; 9a. ed., 1950; 10. ed., 1951; 11a. ed., 1953] Véase núm. 74.
71. *Advertencia a los Estudios sobre el español de Nuevo Méjico*, Vol. II, por Aurelio M. Espinosa y Ángel Rosenblat. Buenos Aires: Instituto de Filología, 1938. (Buenos Aires, *Biblioteca de Dialectología Hispanoamericana*, II). Véase núm. 21.
72. 'Ensayo sobre la novela histórica.' Buenos Aires, *Sur*, 1938, núm. 50: 40–52. Véase núm. 116.
73. 'Primeros problemas históricos del castellano en América.' Buenos Aires, *Segundo Congreso de Historia de América*, III, 1938: 607–621.

## 1939

74. *Gramática castellana. Segundo curso.* [En colaboración con Pedro Henriquez Ureña.] Buenos Aires: Editorial Losada, 1939. [Segunda edición, 1941; 3a. ed., 1943; 4a. ed., 1943; 5a. ed., 1945; 6a. ed., 1946; 7a. ed., 1947; 8a. ed., 1949; 9a. ed., 1950; 10a. ed., 1951; 11a. ed., 1953]. Vease núm. 70.
75. *Castellano. Ejercicios prácticos y nociones elementales.* Buenos Aires, [1939]. [En colaboración con Concepción Prat Gay de Constenla].
76. 'Sobre métodos: construcciones con verbos de movimiento en español.' Buenos Aires, *Revista de Filología Hispánica*, I, 1939: 105–138. [Incluído en *Estudios lingüísticos. Temas españoles.*] Véase núm. 181.
77. 'Examen de la teoría indigenista de Rodolfo Lenz.' Buenos Aires, *Revista de Filología Española*, I, 1939: 313–350.
78. 'La pronunciación americana de la *z* y de la *ç* en el siglo XVI.' La Habana, *Universidad de la Habana*, VIII, 1939, núm. 23: 62–83.
79. 'Algunos símbolos insistentes en la poesía de Pablo Neruda.' New York, *Revista Hispánica Moderna*, V, 1939: 191–220. Véase núm. 86.
80. 'La poesía de Pablo Neruda.' Buenos Aires, *La Nación*, 5 de noviembre de 1939. Véase núm. 86.

81. 'Enajenamiento y ensimismamiento en la creación poética.' Buenos Aires, *Agonía*, 1939, núm. 1: 16–29. [Reproducido en Buenos Aires, *Cursos y Conferencias,*, VIII, 1939: 703-729; en parte redactado de nuevo.]
82. 'Sobre la índole de la fantasía de Pablo Neruda.' Buenos Aires, *Agonía*, 1939, núm. 2: 15–34. Véase núm. 86.
83. 'Los comienzos de la novela histórica.' La Plata, *Humanidades*, XXVII, 1939: 133–142. Véase núm. 116.
84. Sobre: Dámaso Alonso, *Poesía española. Antología.* Vol. I, *Poesía de la Edad Media y poesía de tipo tradicional.* Buenos Aires, *Revista de Filología Hispánica*, I, 1939: 70–72.
85. Sobre: Eduardo Mallea, *Fiesta en noviembre.* Buenos Aires, *Sur*, 1935, núm. 54: 65–69. [Observaciones estilísticas] Véase núm. 200.

## 1940

86. *Poesía y estilo de Pablo Neruda. Interpretación de una poesía hermética.* Buenos Aires: Editorial Losada, 1940. [Segunda edición, corregida y aumentada: Buenos Aires: Editorial Sudamericana, 1951.]
87. 'Biografía de Fernán González de Eslava.' Buenos Aires, *Revista de Filología Hispánica*, II, 1940: 213–321. [Hay tirada aparte.]
88. *El español en Chile*, por Rodolfo Lenz, Andrés Bello y Rodolfo Oroz. Traducción, notas y apéndices de Amado Alonso y Raimundo Lida. Buenos Aires: Instituto de Filología, 1940. (Buenos Aires, *Biblioteca de Dialectología Hispanoamericana*, VI.) [Apéndices de Amado Alonso: I: 269–278: 'Rodolfo Lenz y la dialectología hispanoamericana'; II: 279–290: 'La interpretación araucana de Lenz para la pronunciación chilena'; III: 291–297: 'Observaciones sobre *rr, r* y *l*' (en colaboración con Raimundo Lida).]
89. 'Los nuevos programas de lengua y literatura.' Buenos Aires, *Revista de Filología Hispánica*, II, 1940: 55–57. [Incluído en *La Argentina y la nivelación del idioma.*] Véase núm. 135.
90. 'Arg. y bras. Malevo port. Maleva + malévolo.' Buenos Aires, *Revista de Filología Hispánica*, II, 1940: 179–181.
91. 'Por qué el lenguaje en sí mismo no puede ser impresionista.' Buenos Aires, *Revista de Filología Hispánica*, II, 1940: 379–386. [Respuesta a algunas observaciones de H. Hatzfeld sobre *El concepto lingüístico de impresionismo.* Incluída en *Estudios lingüísticos. Temas españoles.*] Véase núm. 56 y 181.
92. 'El contenido de la poesía de Pablo Neruda.' La Habana, *Revista Cubana*, XIV, 1940: 110–132. Véase núm. 86.
93. 'Sentimiento e intuición en la lírica.' Buenos Aires, *La Nación*, 3 de marzo de 1940. Véase núm. 200.
94. 'Clásicos, románticos y superrealistas.' Buenos Aires, *La Nación*, 16 de junio de 1940. Véase núm. 100.

95. 'La Argentina en la dirección inmediata del idioma.' Buenos Aires, *La Nación*, 4 de agosto de 1940. Véase núms. 100 y 135.
96. 'De cómo se cumplirá el influjo argentino en la lengua general.' Buenos Aires, *La Nación*, 11 de agosto de 1940. Véase núms. 100 y 135.
97. 'Las academias y la unificación del idioma.' Buenos Aires, *La Nación*, 18 de agosto de 1940. Véase núms. 100 y 135.
98. Sobre: Emiliano Tejera, Palabras indígenas de la isla de Santo Domingo. Buenos Aires, *Revista de Filología Hispánica*, II, 1940: 70–72.
99. *Filosofía del lenguaje*, por Karl Vossler. Traducción, notas y guías de A[mado] A[lonso] y R[aimundo] L[ida]. Madrid: C. S. I. C., 1940. [Edición argentina, con prólogo de Amado Alonso. Buenos Aires: Editorial Losada, 1943. Segunda edición argentina, Ibid., 1947.

## 1941

100. *A new proving ground for the Spanish language*. Translated by Margaret S. de Lavenás. Buenos Aires: Publicaciones del Instituto Cultural Argentino-Norteamericano, 1941. [Este opúsculo está formado por los núms. 95, 96 y 97.]
101. 'La pronunciación americana de la *z* y de la *ç* en el siglo XVI.' Buenos Aires, *Revista de Filología Hispánica*, III, 1941:78. [Resumen del artículo publicado en La Habana, *Universidad de la Habana*.] Véase núm. 78.
102. 'Substratum y superstratum.' Buenos Aires, *Revista de Filología Hispánica* III, 1941: 209–218. [Incluído en *Estudios lingüísticos. Temas españoles*.] Véase núm. 181.
103. 'Epístola a Alfonso Reyes sobre la estilística.' Buenos Aires, *La Nación*, 9 de febrero de 1941. [Una caracterización sistemática de esta disciplina. En el ejemplar enviado a Alfonso Reyes está tachada la palabra *Epístola* y sustituída por *Carta*, con esta explicación: 'Lo de *Epístola* es cosa del corrector de estilo del diario.'] Véase núm. 200.
104. 'José María de Heredia, crítico literario.' La Habana, *Revista Cubana*, XV, 1941: 54–62. [En colaboración con Julio Caillet-Bois.]
105. 'La crisis en Manzoni sobre la novela histórica.' Buenos Aires, *Sur*, 1941, núm. 80: 1–16. Véase núm. 116.
106. Sobre: Renato Mendonça, *O português do Brasil. Origens. Evolução. Tendências*. Buenos Aires, *Revista de Filología Hispánica*, III, 1941:57–59.
107. Sobre: Cândido Juca (Filho), *Língua nacional. As diferenciações entre o português de Portugal e o do Brasil autorizam a existência de um ramo dialetal do português peninsular?* Buenos Aires, *Revista de Filología Hispánica*, III, 1941: 59–60.
108. Sobre: Sílvio Elia, *O problema da língua brasileira*. Buenos Aires, *Revista de Filología Hispánica* III, 1941: 60.

109. Sobre: José Torre Revello, *El libro, la imprenta y el periodismo en América durante la dominación española*. Buenos Aires, *Revista de Filología Hispánica*, III, 1941: 276–279. [En colaboración con Julio Caillet-Bois.]

110. Sobre: José Moreno Villa, *Locos, enanos y niños palaciegos*. Buenos Aires, *Revista de Filología Hispánica*, III, 1941: 69.

111. Sobre: Friedrich Schürr, *Beiträge zur spanisch-portugiesischen Laut und Wortlehre*. Buenos Aires, *Revista de Filología Hispánica*, III, 1941: 76–77.

112. Sobre: Ramón Menéndez Pidal, *Sobre el substrato mediterráneo occidental*. Buenos Aires, *Revista de Filología Hispánica*, III, 1941: 76–78.

113. Sobre: Pedro M. Benvenutto Murrieta, *El lenguaje peruano*. Buenos Aires, *Revista de Filología Hispánica*, III, 1941: 160–166.

114. Sobre: Eduardo González Lanuza, *Puñado de cantares*. Buenos Aires, *Sur*, 1941, núm. 76: 122–125. [Observaciones estilísticas.] Véase núm. 200.

115. *El lenguaje y la vida*, por Charles Bally. Traducción de Amado Alonso. Buenos Aires: Editorial Losada, 1941.

## 1942

116. *Ensayo sobre la novela histórica. El modernismo en 'La gloria de don Ramiro.'* Buenos Aires: Instituto de Filología, 1942. (*Colección de estudios estilísticos*, Vol. III.)

117. 'The stylistic interpretation of literary texts.' Baltimore, *Modern Language Notes*, (1942), LVII: 489–496. Véase núm. 200.

118. 'Sobre la vida universitaria norteamericana.' Buenos Aires, *Saber Vivir*, 1942, núm. 21: 22–23.

119. 'Sobre antecedentes de *La Celestina*.' Buenos Aires, *Revista de Filología Hispánica*, III, 1942: 266–268.

120. 'El estilo de Larreta en *La gloria de don Ramiro*.' Buenos Aires, *La Nación*, 6 de septiembre de 1942. Véase núm. 116.

121. 'A quienes leyeron a Jorge Luis Borges en *Sur*, núm. 86.' Buenos Aires, *Sur*, 1942, núm. 89: 79–81. [Algunas rectificaciones.]

122. 'Desagravio a Borges.' Buenos Aires, *Sur*, 1942, núm. 94: 15–17. [Consideraciones sobre Borges y su lugar en la literatura argentina.] Véase núm. 200.

123. 'La Argentina y la nivelación del idioma.' Buenos Aires, *Saber Vivir*, 1942, núm. 28. [Este artículo, con el título 'El periodismo, la radio y el cinematógrafo,' forma parte del libro *La Argentina y la nivelación del idioma*.] Véase núm. 135.

124. 'La filosofía del lenguaje en Karl Vossler.' Buenos Aires, *La Nación*, 27 de diciembre de 1942. Véase núms. 34 y 99.

125. 'Hazards in Hemispheric defense.' New York, Chicago and Berkeley, *The International Quarterly*, Winter, 1942: 21–24.

126. Sobre: Hayward Keniston, *The syntax of Castilian prose. The sixteenth century*. Buenos Aires, *Revista de Filología Hispánica*, IV, 1942: 77–81. [En colaboración con Raúl Moglia.]
127. Sobre: Victor R. B. Oelschläger, *A medieval Spanish word-list. A preliminary dated vocabulary of first apperances up to Berceo*. Buenos Aires, *Revista de Filología Hispánica*, IV, 1942: 81–83.
128. Sobre: Madaline W. Nichols, *A bibliographical guide to materials on American Spanish*. Buenos Aires, *Revista de Filología Hispánica*, IV, 1942: 85–86.
129. Sobre: *El Arcipreste de Talavera o sea El Covacho de Alfonso Martínez de Toledo*, ed., Lesley Byrd Simpson. Buenos Aires, *Revista de Filología Hispánica*, IV, 1942: 181–182.
130. Sobre: Juan del Encina, *Canciones*, ed. y notas de Ángel J. Battistessa. Buenos Aires, *Revista de Filología Hispánica*, IV, 1942: 182–185. [En colaboración con José Francisco Gatti.]
131. Sobre: Gil Vicente, *Tragicomedia de don Duardos*, ed., Dámaso Alonso. Buenos Aires, *Revista de Filología Hispánica*, IV, 1942: 282–285.
132. 'Portugués-castellano.' Buenos Aires, *Revista de Filología Hispánica*, IV, 1942: 383. [Adición a la reseña anterior.]
133. Sobre: Américo Castro, *La peculiaridad lingüística rioplatense y su sentido histórico*. Buenos Aires, *Revista de Filología Hispánica*, IV, 1942: 388–390.
134. Sobre: José E. Perdomo, *Léxico tabacalero cubano*. Buenos Aires, *Revista de Filología Hispánica*, IV, 1942: 390–392.

## 1943

135. *La Argentina y la nivelación del idioma*. Buenos Aires: Institución Cultural Española, 1943. [Reúne, con modificaciones, algunos artículos citados anteriormente.] Véase núms. 37, 58, 89, 95, 96, 97 y 123.
136. 'Partición de las lenguas románicas de Occidente.' Buenos Aires, *Miscelánia Fabra*, 1943: 81–101. [Incluído en *Estudios lingüísticos. Temas españoles*.] Véase núm. 181.
137. 'El arte de la antología.' Buenos Aires, *La Nación*, 11 de julio de 1943. [Sobre la *Antología de poetas líricos* de Menéndez Pelayo, la *Antología de prosistas* de Menéndez Pidal y *Poesía de la Edad Media* de Dámaso Alonso.]
138. Edición del *Fausto* de Estanislao del Campo. Buenos Aires: Peuser, 1943. lxii + 112 + 50 págs. [Págs. xxxix-lxi, 'El manuscrito del *Fausto* en la Colección Martiniano Leguizamón,' por Amado Alonso. Hay tirada aparte. Segunda ed., 1947; 3a. ed., 1951.]
139. Sobre: Willis Knapp Jones, *What Spanish pronunciation shall we teach?* Buenos Aires, *Revista de Filología Hispánica*, V, 1943: 88–89.
140. Sobre: Baltasar Gracián, *El Criticón*, ed., crítica y comentada por M. Romera-Navarro. Buenos Aires, *Revista de Filología Hispánica*, V, 1943: 374–375.
141. Sobre: Nelson Romero, *Pronuncia do latim*. Buenos Aires, *Revista de Filología Hispánica*, V, 1943: 376–377.

## 1944

142. 'La identidad del fonema.' Buenos Aires, *Revista de Filología Hispánica*, VI, 1944: 280–283. [Incluído en *Estudios lingüísticos. Temas españoles.*] Véase núm. 181.
143. '¡Dios, qué buen vasallo! ¡sí oviesse buen señore!' Buenos Aires, *Revista de Filología Hispánica*, VI, 1944: 187–191. Véase núm. 163.
144. Sobre: Ramón Menéndez Pidal, *La unidad del idioma*, y Amado Alonso, *La Argentina y la nivelación del idioma*. Buenos Aires, *Revista de Filología Hispánica*, VI, 1944: 402–409. [Reseña conjunta y confrontación de los dos trabajos.]

## 1945

145. 'Geografía fonética: -*1* y –*r* implosivas en español.' Buenos Aires, *Revista de Filología Hispánica*, VII, 1945: 313–345. [En colaboración con Raimundo Lida.]
146. 'El descubrimiento de América y el idioma.' La Plata, *Humanidades*, XXX, 1944–1945: 117–127.
147. 'Una ley fonológica del español. Variabilidad de las consonantes en la tensión y distensión de la sílaba.' Philadelphia, *Hispanic Review*, XIII, 1945: 91–101. [Incluído en *Estudios lingüísticos. Temas españoles.*] Véase núms. 169 y 181.
148. 'Lo español y lo universal en la obra de Galdós.' Bogotá, *Universidad Nacional de Colombia*, núm. 3, 1945: 35–53. Véase núm. 200.
149. 'La doctrina lingüística de Ferdinand de Saussure.' Buenos Aires, *La Nación*, 12 de agosto de 1945. Véase núm. 161.
150. 'Maestría antigua en la prosa.' Buenos Aires, *Sur*, núm. 133, 1945: 40–43. [*El Cavallero Zifar* en la historia de la prosa narrativa española.]
151. 'Lerdo 'pesado, torpe'.' Buenos Aires, *Revista de Filología Hispánica*, VII, 1945: 44–45.
152. 'Hispano-árabe *chiflata*.' Buenos Aires, *Revista de Filología Hispánica*, VII, 1945: 283.
153. Sobre: Samuel Gili Gaya, *Curso superior de sintaxis española*. Buenos Aires, *Revista de Filología Hispánica*, VII, 1945: 164–166.
154. Sobre: Miguel Asín Palacios, *Glosario de voces romances registradas por un botánico anónimo hispanomusulmán (siglos XI-XII)*. Buenos Aires, *Revista de Filología Hispánica*, VII, 1945: 166–167.
155. Sobre: 'Ramón Menéndez Pidal, *Castilla, la tradición, el idioma*. Buenos Aires, *Revista de Filología Hispánica*, VII, 1945: 284–288.
156. Sobre: Claudio Sánchez Albornoz, *Dónde y cuándo murió don Rodrigo, último rey de los godos*. Buenos Aires, *Revista de Filología Hispánica*, VII, 1945: 291.
157. Sobre: Osvaldo A. Machado, *Los nombres del llamado Conde don Julián*. Buenos Aires, *Revista de Filología Hispánica*, VII, 1945: 291–292.
158. Sobre: José Luis Romero, *Fernán Pérez de Guzmán y su actitud histórica*. Buenos Aires, *Revista de Filología Hispánica*, VII, 1945: 292.

159. Sobre: Tomás Navarro Tomás, *Manual de entonación española*. Buenos Aires, *Revista de Filología Hispánica*, VII, 1945: 394–395.
160. Sobre: María Rosa Lida, *Introducción al teatro de Sófocles*. Buenos Aires, *Sur*, núm. 127, 1945: 78–81.
*161. Curso de lingüística general*, por Ferdinand de Saussure. Traducción y prólogo de Amado Alonso. Buenos Aires: Editorial Losada, 1945. Véase núm. 149.

## 1946

162. 'Las correspondencias arábigo-españolas en los sistemas de sibilantes.' Buenos Aires, *Revista de Filología Hispánica*, VIII, 1946: 12–76. Véase núm. 199.
163. ['¡*Dios, qué buen vasallo!* ¡*sí oviesse buen señore!*'] Buenos Aires, *Revista de Filología Hispánica*, VIII, 1946: 135–136. [Respuesta a unos reparos de L. Spitzer publicados, Ibid: 132–135. Véase núm. 143.
164. 'El ideal clásico de la forma poética.' Buenos Aires, *Los Anales de Buenos Aires*, I, núm. 3, 1946: 3–7. Véase núms. 189 y 200.
165. 'Pedro Henríquez Ureña, investigador.' Buenos Aires, *Sur,* núm. 141, 1946: 28–33.
166. Sobre: Dámaso Alonso, *Ensayos sobre poesía española*. Buenos Aires, *Revista de Filología Hispánica*, VIII, 1946: 157–158.

## 1947

167. 'Trueques de sibilantes en antiguo español.' México, D. F., *Nueva Revista de Filología Hispánica*, I, 1947: 1–12. Véase núm. 199.
168. 'Árabe *st*>esp. ç. – Esp. *st*>árabe *ch*.' Baltimore, *Publications of the Modern Language Association of America*, LXIII, 1947: 325–338. [Incluído en *Estudios lingüísticos. Temas españoles*.] Véase núm. 181.
169. 'Nota sobre una ley fonológica del español.' Philadelphia, *Hispanic Review*, XV, 1947: 306–307. [Complemento de un artículo anterior publicado en la misma revista. Incluído en *Estudios lingüísticos. Temas españoles*.] Véase núms. 147 y 181.

## 1948

170. 'Las prevaricaciones idiomáticas de Sancho.' México, D. F., *Nueva Revista de Filología Hispánica*, II, 1948: 1–20.
171. 'Don Quijote no asceta, pero ejemplar caballero y cristiano.' México, D. F., *Nueva Revista de Filología Hispánica*, II, 1948: 333–359. [Réplica al artículo de H. Hatzfeld, '¿Don Quijote asceta?,' publicado Ibid: 57–70.
172. 'Historia de dos palabras: *zonzos y zoncerías*.' Buenos Aires, *La Nación*, 25 de abril de 1948. [Artículo relacionado con el núm. 170.]

173. Sobre: *Cervantes across the centuries*, ed., Ángel Flores y M. J. Benardete. México, D. F., *Nueva Revista de Filología Hispánica*, II, 1948: 101–103.

174. Sobre: *Homenaje a Cervantes* de la revista *Realidad*. México, D. F., *Nueva Revista de Filología Hispánica*, II, 1948: 103–104.

175. Sobre: Hugo Schuchardt, *Primitiae linguae Vasconum*. México, D. F., *Nueva Revista de Filología Hispánica*, II, 1948: 282–283.

176. Sobre: Florentino Castro Guisasola, *El enigma del vascuence ante las lenguas indoeuropeas*. México, D. F., *Nueva Revista de Filología Hispánica*, II, 1948: 283.

## 1949

177. 'Examen de las noticias de Nebrija sobre la antigua pronunciación española.' México, D. F., *Nueva Revista de Filología Hispánica*, III, 1949: 1–82.

## 1950

178. 'Fray Luis de León: Ve cómo el gran maestro....' México, D. F., *Nueva Revista de Filología Hispánica*, IV, 1950: 391–394. Véase núm. 190.

179. Sobre: Ramón Menéndez Pidal, *La España del Cid*. México, D. F., *Nueva Revista de Filología Hispánica*, IV, 1950: 166–171.

180. Sobre: Robert K. Spaulding and Beatrice S. Patt, *Data for the chronology of theta and jota*. México, D. F., *Nueva Revista de Filología Hispánica*, IV, 1950: 183–185.

## 1951

*181. Estudios lingüísticos. Temas españoles*. Madrid: Editorial Gredos, 1951. (*Biblioteca Románica Hispánica*, II: *Estudios y ensayos*.) [Reúne, modificados a veces, algunos artículos citados anteriormente.] Véase núms., 8, 39, 49, 76, 91, 102, 136, 142, 147, 168 y 169.

182. 'La *ll* y sus alteraciones en España y América.' Madrid, *Estudios dedicados a Menéndez Pidal*, II, 1951: 41–89. Vease núm. 199.

183. 'Identificación de gramáticos españoles clásicos.' Madrid, *Revista de Filología Española*, XXXV, 1951: 221–236. [El Anónimo de Lovaina, Cristóbal de Villalón, Antonio de Corro.]

184. 'La pronunciación francesa de la *ç* y de la *z* españolas.' México, D. F., *Nueva Revista de Filología Hispánica*, V, 1951: 1–37. Véase núm. 199.

185. 'Formación del timbre ciceante de la *c, z* española.' México, D. F., *Nueva Revista de Filología Hispánica*, V, 1951: 121–172 y 263–312. Véase núm. 199.

186. 'Cronología de la igualación *c-z* en español.' Philadelphia, *Hispanic Review*, XIX, 1951: 37–58 y 143–164. Véase núm. 199.

187. 'Historia del ceceo y del seseo españoles.' Bogotá, *Boletín del Instituto Caro y Cuervo*, VII, 1951: 111–200. Véase núm. 199.

188. 'Cómo se pronunciaban la ç y la z antiguas.' Baltimore, *Hispania*, XXXIV, 1951: 51–53. Véase núm. 199.
189. 'El ideal clásico de la forma poética.' Buenos Aires, *Sur,* núm. 192–194, 1951: 42–58. Véase núm. 164.
190. 'Fray Luis de León: *Ve cómo el gran maestro....*' (Enmienda). México, D. F., *Nueva Revista de Filología Hispánica*, V, 1951: 71. Véase núm. 178.
191. 'Introducción a los estudios gramaticales de Andrés Bello.' [Prólogo a la *Gramática* de Bello, Vol. IV de sus *Obras completas*, págs. ix-lxxxvi.] Caracas, 1951.
192. Sobre: Edwin B. Place, *The Amadis question*. México, D. F., *Nueva Revista de Filología Hispánica*, V, 1951: 236–238.
193. Sobre: Jorge Guillén, *The poetical life of Herrera*. México, D. F., *Nueva Revista de Filología Hispánica*, V, 1951: 242.
194. Sobre: Samuel Gili Gaya, *Tesoro lexicográfico, 1492–1726*. México, D. F., *Nueva Revista de Filología Hispánica*, V, 1951: 324–328.
195. Sobre: Julio Casares, *Ante el proyecto de un Diccionario histórico*; Julio Casares, *Introducción a la lexicografía moderna*; y Sebastián de Covarrubias, *Tesoro de la lengua castellana o española*, ed., Martín de Riquer. México, D. F., *Nueva Revista de Filología Hispánica*, V, 1951: 328–329.

**1952**

196. '*O cecear cigano de Sevilla*, 1540.' Madrid, *Revista de Filología Española*, XXXVI, 1952: 1–5.
197. 'Cervantes.' Buenos Aires, *Buenos Aires Literaria*, I, núm. 1, 1952: 3–8. [Fragmento de una conferencia inédita.] Véase núm. 200.

**OBRAS DE PRÓXIMA PUBLICACIÓN**

198. *Estudios lingüísticos. Temas americanos.* Madrid: Editorial Gredos. [Publicado en 1953 como *Temas hispanoamericanos.*]
199. *Historia de la pronunciación española.* La publicará, en dos volúmenes, la misma Editorial. [Contendrá materiales inéditos y publicados (por ejemplo los núms. 162, 167, 177, 182, 184 a 188).] [El primer tomo salió en 1955, con el título *De la pronunciación medieval a la moderna en español.*]
200. *Materia y forma en poesía.* Será publicado por la misma Editorial. [Tendrá probablemente las siguientes secciones: a) Teoría poética (núms. 93, 94, 103, 58, 164, 117, y una conferencia inédita sobre 'El ritmo de la prosa'); b) Estilos españoles (núms. 51, 59, 46, 148, 12, 16 y dos conferencias inéditas, una sobre Pérez Galdós y otra sobre Cervantes, publicada parcialmente esta última: cf. núm. 197); c) Estilos americanos (núms. 23, 33, 53, 114, 85, 122, 62 y 19).] [Fue publicado en 1955.]

# Giselle E. Whitwell

After having been born in Germany, Giselle completed her secondary school work at the German School in La Paz, Bolivia and obtained her BA from Catholic University of America, Washington, D.C. (in Piano Performance, accompanist, 1966 South American Tour in co-operation with the US State Department), and her MA from The University of Montana (in Spanish Philology).

Her post-graduate studies have been centered in Music Therapy (Registered Music Therapist, National Association for Music Therapy); in Orff-Schulwerk (Advanced Orff-Schulwerk Techniques, the Orff Institute, Salzburg, Austria); Kodály Methodology; Dalcroze Eurhythmics (Elementary Certification); Music Education (Music and Child Development Certificate) and specialized training in Childbirth Education and Doula Training.

Giselle's professional teaching experience includes Elementary School service in the Washington, D.C. Public Schools; the American School, Berchtesgaden, Germany and ten years experience teaching in a number of private schools in Los Angeles. She has been employed as a full-time instructor at Villanova University (Philadelphia) and as a part-time instructor at the University of Montana; California State University, Los Angeles; California State University, Northridge; Pierce College (Los Angeles) and the Encino Hospital Center, Los Angeles.

Her frequent travels as a clinician has taken her to,
- Korea (Kwangju National University of Education and Kwangju Christian Hospital, Kwangju)
- Bulgaria (Health Center, Sofia)
- Italy (Novi Ligure, in collaboration with UNICEF)
- Russia (Presenter, All-Russian Congress for Prenatal Education, Moscow and Medical Academy, Saratov)
- The Netherlands (Nijmegen, Holland, Presenter, International Congress of Embryology)
- Portugal (Associacão Portuguesa de Musicoterapia, Lisbon and Embarazo y el Nacimiento Workshop, Porto)

Spain (Mid-Atlantic Conference on Birth and Primal Health Research, Las Palmas de Gran Canaria)
France (Association de l'Education Prenatale Conference, Frejus)
Canada (Presenter, Canadian Association of Music Therapy),
Bolivia (UNIMED, La Paz)
Argentina (TV Interview with Lucia Iurcovich, Buenos Aires)

Numerous important appearances as a presenter in the United States of America include,
San Francisco, CA (7th and 9th International Congress of APPPAH)
The Bonny Institute Conference (Guided Imagery and Music)
Irvine, CA (WRAMTA Regional Conference)
Austin, TX (6th Annual AMTA Conference)
Los Angeles, CA (Japanese Foundation)
St. Louis, MO. (13th International DONA Conference)
Fair Oaks, CA (Singing Association of North America)
Pacific Grove, CA (14th International Congress of APPPAH
Portland, ME (Birth Works International Conference)

Ms. Whitwell has served as a Co-Founder, Board Member and President of the Dalcroze Society of Los Angeles; Board Member American Orff-Schulwerk Association and a member of the National Board, American Pre and Perinatal Psychology and Health. Her numerous publications include articles in the *IMSPD Newsletter*, the *Journal of Prenatal and Perinatal Psychology and Health*, MIDIRS Midwifery Digest, the *International Music Society for Prenatal Development* (editor, 1998–2002), *Perspectives* and the author of a chapter in *Honoring Your Child's Spirit*, Plantsville, CT: All Worlds Publishing, 2008.

She currently resides in Austin, TX, where she is active in prenatal work, teaching Werbeck singing and has formed and conducted a Threshold Choir. Giselle continues to enjoy playing piano and recorder, the study of Eurhythmy and Paneurhythmy, taking painting classes and being an avid gardener. She is married to David Whitwell, a conductor, composer and historian, and has two sons, Stefan Whitwell, a private investor in Austin, TX, and Floriano Whitwell, a Supervisor in the US Marshals Service.

www.ingramcontent.com/pod-product-compliance
Lightning Source LLC
Chambersburg PA
CBHW080454170426
43196CB00016B/2806